존재의 두드림

존재의 두드림

임판 지음

KNOCKING ON BEING

지식공감

시작하는 말

비트겐슈타인L. Wittgenstein은 『논리-철학 논고』에서 철학을 하는 이유를 철학이 필요 없음을 알고 철학의 사다리를 던져 버리기 위해서라고 한다.

> 나의 명제들은 다음과 같은 점에 의해서 하나의 주해 작업이다. 즉 나를 이해하는 사람은, 만일 그가 나의 명제들을 통해 — 나의 명제들을 딛고서 — 나의 명제들을 넘어 올라간다면, 그는 결국 나의 명제들을 무의미한 것으로 인식한다. (그는 말하자면 사다리를 딛고 올라간 후에는 그 사다리를 던져 버려야 한다.) 그는 이 명제들을 극복해야 한다. 그러면 그는 세계를 올바로 본다.[1]

언어적이고 명제命題적인 인간의 사고와 논리는 삶의 의미나 세계의 의미를 밝히지 못하며, 오히려 사고의 중단을 통해서만 신비주의적인 사물들이 드러난다는 것이다. 비트겐슈타인에게는 진리나 실재實在에 관한 형이상학적 사유가 자동차의 엔진이 공회

---

[1] 루트비히 비트겐슈타인, 『논리-철학 논고』(이하 『논고』로 줄임), 이영철 옮김, 책세상, 2006, 117쪽.

전하며 헛도는 것에 불과하다.

철학의 사다리를 오른 후 사다리를 던져 버리라는 비유는 위대한 철학자의 말이라기보다는 신비주의 명상가의 가르침처럼 들리기도 하고, 또 '강을 건넜으면 뗏목을 버리고 길을 가라'는 불교의 유명한 비유와도 비슷하게 들린다. 철학에 식상한 사람들에게는 아마도 이런 비유가 꽤 신선하게 느껴질 것이다.

사실 철학이 인간의 삶에 기여한 게 뭐냐고 물으면 대답이 마땅치 않다. 자연과학과 사회, 경제의 발전을 따라잡느라 바빴고, 또 마음의 치유가 필요한 사람들에게는 철학보다는 심리상담이 더 유용하였을 테니 말이다. 그러니 비트겐슈타인처럼 유명한 철학자가 철학이 삶과 세계의 의미를 밝히지 못한다고 말하면 소나기가 내리듯 시원한 느낌이 들기도 한다.

하지만 그렇다고 해서 세계와 인간의 존재 의미에 관한 여러 의문이 해소된 것은 아니다. 이 비유들이 우리가 궁금해하는 인간과 세계의 본질에 대해 딱히 내용을 밝힌 것은 없기 때문이다. 사실 막연한 기대만 주어졌을 뿐 의문은 사라지지 않고 그대로 남아 있다.

생각을 멈춘다면 정말로 신비주의적인 사물들과 삶과 세계의 의미가 모습을 드러낼까? 사고보다는 오히려 사고의 중단이 그런 만남의 기회를 줄 수 있을까? 비트겐슈타인이 말한 신비주의적인 사물들이 존재하기는 할까? 의문들은 여전히 남아 있고,

거기에 새로운 의문까지 더해진다.

도대체 왜 이런 비유들은 오랜 시간 공들인 사고와 철학함을 통해서 진리를 발견할 수 있다는 주장보다 더 신선하게 다가올까? 사고의 중단이야말로 진정한 행복의 길이라고 우리 스스로 느끼고 있어서일까? 그리고 그것이 실재와 삶의 의미를 직접 대면하게 한다는 사실을 직관적으로 알고 있어서일까?

*
**

인터넷과 소셜 네트워킹 서비스^{SNS}로 전 세계를 실시간으로 접하는 현대사회에서 '진리'나 '신비주의적 사물', 또는 '참된 세계'는 대단히 낡은 얘깃거리일 것이다. 하지만 고도로 발달한 과학 기술 문명의 세례를 받고 있다 해서 현대인의 진리와 절대성에 대한 욕구가 전부 사라진 것은 아니다. 피안을 강조하는 종교들이 아직 우리 곁에 머물고 있음은 물론이고, 종교인이 아닌 사람도 진리나 절대적인 평화를 원하는 마음에 철학서나 명상 서적을 뒤적이는 경우가 많다.

진리는 무엇일까, 존재의 의미는 무엇이며 삶의 근원적 의미는 무엇일까, 그리고 나의 의미는? 우리는 알게 모르게 이런 질문을 하고 살아간다. 삶의 근원적 의미나 존재의 의미로서의 진리나 실재에 관한 질문은 직업이나 사회적 지위, 성별을 불문하고 누구나 가끔 하는 질문이다. 자기 자신에게 묻기도 하고 타인에게 묻기도 하는데, 그런 질문에 대한 명쾌한 답이 없다는 사실을 알면서도 묻는다. 진지하게 묻기도 하고 좌절하거나 허무감을 느껴 탄식처럼 묻기도 하지만, 뚜렷한 해답이 없는 그 질문들이 우리 마음속에 잠재해 있다는 사실은 변함이 없다.

굳이 따져 보자면 삶의 의미에 관한 질문과 존재와 진리에 관한 질문은 본질이 다르다고 생각되기 쉽다. 삶의 의미에 관한 질문은 심리적 문제의 해결을 바라는 실천적이고 임상적인 질문으로 들리지만, 존재의 이유나 진리에 관한 질문은 철학적이고 형이상학적으로 들리기 때문이다. 하지만 삶의 의미에 관한 질문은 근원에 있어서는 존재와 진리가 무엇인지 하는 질문과 같다. 삶의 근원적 의미는 사유하는 존재인 우리의 최종적인 가치에 관한 질문으로서 존재와 진리를 낳은 사고와 의미의 체계를 향하기 때문이다.

신학자 틸리히P. Tillich는 "신이란 무엇인가?"라는 질문에 대하여 "각자의 궁극적인 질문에 대한 대답"이라 말한 바 있다. 신은 우리의 유한성에 내포된 질문의 대답이며 인간의 궁극적인 관심을 반영하는 이름이라는 것이다.[2] 틸리히에 따르면 삶의 근원적 의미나 존재와 진리에 관한 질문 역시 신에 관한 질문이 된다. 생

---

2) Paul Tillich, "God" in The Essential Tillich, The University of Chicago Press, 1999 참조.

각건대 '나'와 '신', '존재'와 '진리'에 관한 질문들은 궁극적으로는 근원이 같다. 그 질문들을 헤쳐 나가다 보면 마침내는 의미와 사고의 체계에 관한 질문에 이르고 진리와 절대성을 확보하고자 하는 자아의 본질적인 면에 도달한다.

실존주의 철학자 야스퍼스K. Jaspers 역시 우리 자신의 근원을 파악하려는 질문이 하나의 궁극적인 목표를 가지고 있다고 말한다.

> 우리는 근원을 확신하게 되고 그것에 귀환하게 되기를 원하며, 그것 안에서 보호받기를 원하며, 근원이 있다는 것에서 만족을 원한다는 것이다. 우리는 근원으로부터 그 안에서 추구되는 목표를 보기를 원하고 그것의 빛 안에서 우리의 길을 발견하기를 원한다. 우리는 존재로부터의 이끌림에 의하여 도약을 경험하고 생성의 흐름 속에서 영원과 관계하기를 원한다.[3]

이러한 궁극적인 존재에 관한 사유를 통해 우리는 근원적 의미로서의 실재와 진리를 알고 싶어 한다. 그러나 비트겐슈타인의 말처럼 삶과 세계의 의미가 사유의 중단으로 비로소 드러난다면 우리의 질문은 어디쯤에서 멈춰야 할까? 인류역사상 수없이 펼쳐진 난해한 철학적 주장들은 아직 사유가 중단할 지점에 이르

3] 칼 야스퍼스, 『계시에 직면한 철학적 신앙』, 신옥희·변선환 옮김, 분도출판사, 1989, 32쪽.

지 못했음을 암시하는 것일까, 아니면 사유 중단의 지점을 지나쳐 버린 것일까?

비트겐슈타인의 철학을 접하기 전부터 명상으로 사고의 중단과 관조를 즐겨온 나로서는 그 의미에 대해 실천적인 의문을 가지고 있었다. 왜냐하면, 사고의 중단은 그것으로 그치는 것이 아니라 항상 사유와 이성의 세계로 다시 이어졌고, 나의 인간적 삶은 보통은 사고의 중단이 아니라 사고를 기반으로 한 자아의 세계에서 이루어졌기 때문이다. 그것은 존재와 의미에 관한 질문이 끝없이 반복됨을 의미했다.

*
* *

삶의 근원적 의미에 관한 질문들, 존재 이유에 관한 질문들은 수시로 의식의 문을 두드려 온다. 마치 우리 마음속 수많은 생각들 사이에 삶의 의미에 관한 질문, 존재 이유와 진리에 관한 질문이 도사리고 있다가 언제라도 적절한 때가 오면 의식의 문을 두드려 오는 것만 같다.

삶이 이렇게 고달픈데 살아가야 할 이유가 있을까? 존재한다는 것은 무슨 뜻일까? 나의 존재 의미는 어디에 있을까? 삶과 존재에 본질적인 의미가 있기는 할까? 한편으로는 심리적이면서도, 한편으로는 추상적이고 형이상학적인 질문들이 때를 기다려 내면의 문을 두드려 온다. 이런 질문들은 대체로는 심리적이고 실천적인 문제해결을 위해 '나'를 둘러싼 질문으로 시작되지만, 거기에 학문적인 관심을 더하게 되면 존재나 진리에 관한 질문이 된다.

대중문화와 소셜네트워크가 지배하는 현대사회에서는 상품과 오락, 잡담과 사회적 관계의 유지가 대부분의 관심을 차지해 버렸으므로, 이런 질문들의 가치가 예전보다 떨어진 게 사실이다. 하지만 여전히 그 질문들은 수면으로 떠오를 기회를 엿보고 있다. 감수성이 예민하거나 지적 호기심이 풍부한 사람에게는 더욱 그러하고, 실직하거나 소중한 사람을 잃거나 할 때처럼 인생의 고난이 닥칠 때 이 질문들은 주머니 속의 송곳처럼 뾰족 올라오기를 주저하지 않는다. 마치 의식의 경계선에 머물며 틈이 나기를 기다리는 것만 같다.

누군가 우리 집 문을 두드려 오면 어떻게 해야 할까? 때로는 앞문을, 때로는 뒷문을 두드려 온다면? 우리는 문을 활짝 열고 손님을 의식 안으로 들일 수도 있고, 문밖에 선 존재와 진리의 질문을 멀찍이 바라보다가 그냥 돌아설 수도 있을 것이다. 아예 못 들은 척 무시할 수도 있고 반대로 연구에 매진할 수도 있다.

존재 질문에 어떻게든 대답하면 이제 답을 얻었으니 질문을 그만해야 할 것 같지만, 질문들은 그치지 않는다. 아무리 적극적으로 대답해도 삶과 존재의 질문은 마치 처음인 것처럼 다시 시작된다. 우리의 사고는 이 질문들의 계속되는 방문을 멈추지 못한다. 한번 대답을 들었다고 해서 그대로 만족하는 법은 없으며, 잠시 참된 답을 얻었다는 생각이 들어도 말 그대로 잠시일 뿐이다. 우리는 그 대답을 확인하고 간직하려 하지만 영원히 마음속에 붙잡지는 못한다.

그런 까닭에 우리는 끝없이 존재를 두드리는 존재이다.

존재의 두드림은 심리적 안정과 정서적 만족을 넘어 존재와 자아의 근원을 물으며 진리와 실재의 확실성을 끊임없이 요구한다. 이렇듯 존재의 질문이 계속되는 까닭에 비트겐슈타인은 사고가 아니라 사고의 중단을 통해 삶의 의미가 드러난다고 하였을까? 그리고 비트겐슈타인이 말한 사고와 철학의 중단은 존재의 두드림을 멈출 수 있을까?

*
**

우리는 언제쯤 존재의 의미를 묻는 존재가 되었고, 언제쯤 진리에의 욕구를 가지게 되었을까? 실재라거나 참된 세계가 있다는 생각은 언제쯤 인류사에 등장하였을까? 에덴동산에서 사과를 베어 먹은 이후라는 종교적 설명을 비유로만 받아들인다면, 적어도 인류의 역사 어느 시점에서 진리와 절대적 세계에 대한 이상과 추구가 등장했을 것이다. 어떤 필요 때문에 그런 형이상학적, 종교적 사유가 나타났든 진리의 이념과 그에 대한 형이상학적 욕구는 아직 우리 곁에 남아 있다.

사실 현대인에게는 진리와 절대성보다는 그 상실이 초래한 허무주의와 삶의 사소함이 더 큰 문제라 할 수 있다. 참된 세계나 절대적인 세계가 존재하지 않는다는 사실을 받아들이면, 우리는 크든 작든 좌절과 상실을 느끼게 된다. 우리가 신*이나 다른 초월적인 존재를 통해서라도 영원하거나 절대적인 존재가 될 수 없음을 인정하는 것은, 우리의 내면 깊은 열망이 헛된 꿈이라는 사실을 깨닫는 것이다. 우리는 존재의 의미를 물으며 의미의 바탕으로서의 진리와 절대성을 추구하는 존재인데, 정작 그것들은 존재하지 않는다는 모순 앞에 서야 한다.

절대성의 상실 앞에서 우리에게 주어진 선택지는 니체가 『차라투스트라는 이렇게 말했다』에서 예견했듯이 이성적인 이해를 무시하고 절대성의 세계로 슬며시 복귀해 버리거나, 아니면 허무주의의 그림자 속에서 살아가는 것이다.[4] 첫 번째를 선택한다면, 절대성이 없다는 현대적 인식이 싹텄음에도 불구하고 이를 무시하는 셈이니 한편으로는 자기 배신이다. 하지만 그게 싫다 해서 허무주의에 빠지거나 삶의 의미에 대한 성찰을 도외시하고 일상의 사소함에만 몰두하는 것도 바람직한 일은 아니다.

---

[4] 물론 니체는 위버멘쉬(초인) 사상으로 허무주의 극복의 길을 제시하려 했다. 위버멘쉬 사상에 대해서는 3장 참조.

그렇다면 절대적 진리만큼은 아니어도 순전히 허무하지는 않은 우리의 의미들은 어디에서 찾을 수 있을까? 또 진리가 존재하지 않는다면 우리가 삶의 의미를 추구해야 할 이유는 무엇일까?

아리스토텔레스는 인간이 목적을 가진 존재라 했고, 20세기에 이르러 다시 존재 질문에 불을 붙인 하이데거M. Heidegger는 우리가 본질에 있어 미래적인 존재라 했다. 위대한 지성들이 강조하듯 인간이 의미와 목적을 추구하는 존재라는 사실은 부인할 수 없어 보인다. 태어날 때부터 대단한 목적을 가진 듯한 거창한 목적론을 염두에 두지 않더라도, 우리는 미래를 향해 살아가는 존재이며 삶에서 자신이 목표하는 의미를 찾는 존재임은 틀림없다. 그런데 그 의미들이 상대적이고 보잘것없다면 우리는 상실과 허무라는 감정을 마음에 품고 살아야 한다.

줄곧 존재한다고 생각해온 절대적인 가치들이 빛을 잃었을 때 우리는 허무감에 빠진다. 의미체계의 가장 높은 곳에 있거나 의미체계를 초월하여 존재해야 할 의미들을 잃게 되면, 우리는 필연적으로 사소함의 덫에 갇히게 된다. 물론 현대인이 개인의 자유를 중시하며 일상적인 삶의 가치를 최우선으로 두고 생활하는 모습을 무시하자는 뜻은 아니다. 그런 현대적인 삶의 모습을 부인하지 않는다고 해도 절대성과 진리를 잃은 자아는 진리를 확신하는 자아보다 왜소하며, 그 상실감과 왜소함이 우리를 더욱 현실적 욕망에 집착하게 한다. 세속적 욕망이 잘못이라는 뜻이 아니라 상실감의 회복 가능성을 얘기하려는 것이다.

우리가 진리와 절대성을 원하는 이유는 의미와 주체들이 연동하는 공동체 속에서 살아가기 때문이라 할 수 있다. 우리는 안정적인 미래와 더불어 삶의 의미를 확보하고자 하는데, 우리의 행위와 선택의 결과는 늘 불확실하며 찾고자 하는 의미에 대한 절대적인 확신도 주어지지 않는다. 자아는 경제적, 사회적, 심리적 불확실성 속에서 흔들리면서, 혼란과 불안의 해소를 위해 세속적 안정을 추구함과 동시에 한편으로는 진리와 절대적 옳음을 추구한다.

우리는 직관적으로 삶의 근원적 의미, 존재 이유에 관한 질문들이 절대적이고 영원한 진리에 대한 답을 구하고 있다고 느낀다. 우리는 알게 모르게 '존재', '실재', '진리'라고 불리는, 고정되고 불변하며 무시간적인, 시공간의 변화를 벗어나 있는 초월적이고 영원한 어떤 것을 원한다.

그런데 사고의 발전은 절대성에 대한 전통적 사고가 더는 승인되기 어렵다고 말한다. 대부분의 현대 사상들은 절대성과 피안의 세계를 부인한다. 실용주의 철학자들이나 현대 분석철학자들은 진리가 사회적인 승인이나 논리적인 참에 불과하다고 말하며, 언어학과 인지과학 등 다양한 분야의 학문적 성과들 역시 실재와 진리가 우리 스스로 가꾸어온 생각들에 불과하다 말한다. 니체 역시 오래전에 진리는 진리의 편에 서고 싶은 우리의 욕망에 기초하고 있음을 설득력 있게 그려내기도 했다.

그런데도 존재와 진리에 관한 질문은 여전히 우리를 찾아오며, 더불어 현대적인 사고들이 메꾸지 못하는 심리적 상실까지 덧붙여 다가온다. 모든 것이 상대적이라는 그 정도의 대답에 우리는 만족하며 살아가야 할까? 만일 그렇다면 인간은 왜 끊임없이 진리를 묻고 있을까? 그 질문들이 정말로 칸트가 말하는 이성의 잘못된 사용에서 비롯되었으며, 비트겐슈타인이 말하는 엔진의 공회전에 불과할까?

질문들이 잘못되었다면 적어도 그 의미나 이유 정도는 밝혀야 하지 않을까 하는 생각이 든다. 또 한편으로는, 진리가 존재하지 않는다면, 그리고 진리는 없어도 진리를 추구하는 사고의 구조가 우리 마음속에 있다면, 그 구조와 존재의 두드림 자체를 진리로 불러야 하지는 않을까 하는 생각도 든다.

어떻든 마음 깊은 곳의 기대를 배신하는 진리는 존재하지 않는다는 대답이 주는 상실감은 필연적으로 우리를 허무주의에 빠뜨린다. 진리가 없다면 우리는 무엇을 위해 존재하는가 하는, 존재의 목적이 사라진 듯한 근원적인 허무이다. 아무리 우리가 일상적 삶을 즐기는 데 만족한다 해도, 그 일상적 삶이 아무 의미나 목적 없이 존재하는지 하는 미심쩍은 마음을 떠나보낼 수 없는 것이다. 또 절대성과 진리가 사라진 틈을 민주주의나 환경주의 같은 사회적 이념을 향한 헌신으로 메우려 해도, 그것으로 개인적 자아의 의미와 구원을 완벽히 대체할 수 있을지 확신이 서지 않는다.

우리는 그럴 수 없다는 것을 이미 느끼고 있다. 우리의 생각과는 반대로 사회적 헌신은 그 가치를 떠나, 예를 들어 트럼피즘 이후의 미국이나 대통령 탄핵 이후의 우리 사회처럼 정치적으로 양극화된 사회에서는 더욱, 구원과는 거리가 먼 불만과 분노에 가득한 자아로 귀결되기도 한다. 또 개인적 자유와 가족에의 헌신은 소중하지만 때로는 우리를 가족 이기주의적인 삶이나 사소한 욕망의 충족으로 내몰기도 한다.

물론 현대에도 절대성에 헌신하는 개인과 공동체들이 많이 있으므로 진리의 상실과 회복 가능성은 모든 사람을 위한 보편적인 문제는 아닐 수 있다. 하지만 종교인이 아니면서도 일상적 삶을 넘어 존재의 의미를 찾고 싶은 사람에게는 진리의 현대적 재해석이 의미 있는 문제가 된다. 민주주의의 이념과 같은 사회적 이상이나 가족에의 헌신과 같은 일상적 가치도 물론 소중하지만, 그것을 넘어서서 나 자신의 근원적 의미와 구원의 가능성역시 외면하고 싶지 않은 것이다.

*
* *

존재의 두드림은 이렇듯 계속되어도 절대적인 대답은 주어질 수 없다는 점에서 다시 한번 비트겐슈타인이 얘기한 철학의 사다리를 떠올리게 된다.

철학적 사유가 진리의 욕구와는 반대로 절대성이 없다는 결론에 이르거나, 절대성의 개념은 이해하면 할수록 우리를 허무에 이르게 한다면, 그리하여 진리와 절대성을 향한 욕구가 필연적으로 좌절을 겪을 수밖에 없다면, 허무주의는 철학적 사유가 아니라 사유 중단으로 극복되어야 하는 것은 아닐까? 비트겐슈타인이 사고의 중단을 통한 삶의 의미 발견을 이야기한 것은 그런 뜻이 아니었을까?

혹시라도 사유 자체가 허무를 잉태하고 있다면, 다시 말해 진리와 절대성이라는 형이상학적 이념이 무슨 이유로든 역사를 통해 우리 언어공동체의 사고체계 내에서 생성되었고, 전승된 언어공동체의 구성원인 우리는 그런 이념들을 마음속에 품고 갈망하도록 길러질 수밖에 없었다면, 따라서 사유는 끝내는 그 이치를 간파하여 절대성의 상실에 이르고 허무주의의 길잡이가 될 수밖에 없다면, 그 상실감은 절대성이라는 의미와 그것을 낳은 사고체계를 뛰어넘을 때, 즉 사유를 뛰어넘을 때 비로소 극복될 수 있는 것은 아닐까?

이런 생각은 꼭 비트겐슈타인의 '버려야 할 사다리'라는 말을 떠올리지 않더라도 철학적 사유 과정에서 자연스럽게 다가올 수 있다. 특히 우리나라는 선불교와 대승불교의 영향 아래 참된 지혜가 오랜 시간 축적한 깊이 있는 공부보다는 번득이는 깨달음으로 순식간에 터득된다고 믿는 정서가 강하기에 더욱 그렇다. 물론 서양에서도 기독교나 유대교의 신비주의자들이 신을 향한 내적 침잠 끝에 언어를 초월한 신비주의적 실재와 대면하는 체험을 하였다고 하므로, 이것은 문화를 초월하여 존재하는 직관적 사고이기도 하다.

사고의 중단에 대해 보자면, 그 의미나 필요성을 이야기하기 위하여 우리는 더 깊은 사유를 해야만 하는 모순에 이른다. 생각하지 않아야 할 이유를 생각하여야 하는 셈이다. 사고 중단의 의미를 이해하기 위해 실재와 진리를 떠받치고 있는 우리의 사고체계 및 관련된 수많은 개념과 논리를 검토해야 하는 것이다. 존재의 두드림이 향하는 절대성과 실재에 관한 사고를 넘어서야 하고, 진리의 상실로 인한 허무주의를 치유하는 데 사고의 중단이 어떤 가능성을 가지는지도 따져 보아야 한다.

*
* *

이제부터 위대한 철학자들의 실재와 진리에 관한 주장을 간략히 검토해 가면서, 많이 낡았지만 언제나 새로운 이 질문들에 대한 대답을 시도해 볼 참이다. 다만 특정 철학자에 대한 전문지식을 전달하고자 하는 것은 아니며, 내가 평소 염두에 둬 왔던 자아 및 세계의 본질과 허무주의 극복의 길에 관한 생각들을 비유나 화두도 제시하면서 얘기할 생각이다. 철학자 아닌 보통 사람의 언어로 시도하는 것이지만, 그래도 비트겐슈타인이나 하이데거, 칸트나 니체와 같은 위대한 철학자들의 이름은 등장하지 않을 수 없고, 20세기 후반을 수놓은 저명한 철학자들의 생각도 간간이 소개할 것이다.

책의 내용과 등장하는 비유들을 간략히 소개하자면, 1장은 언어공동체에서 심리적으로 흔들리며 불안을 극복하고자 분투하는 인간존재의 모습을 트램펄린에 비유해 그려보았다. 트램펄린의 비유는 독서 모임 '물고기와 철학자'에서 잠깐 언급했던 내용인데 회원들의 호응이 좋았고, 또 이 비유가 인간존재의 직관적인 이해에 도움이 될 것이라는 확신이 들어 조금 더 발전시킨 것이다.

트램펄린의 비유로 제시한 인간의 본질적인 흔들림은, 흔들림을 극복하고자 형성된 이념인 절대성이나 무한성이 현실 세계에서 확보될 수는 없지만, 철학과 명상으로 허무주의를 극복하여 삶의 새로운 의미에 도달할 수 있다는 2장과 3장의 내용으로 연결된다.

2장에서는 현대의 철학적 사고에 지대한 영향을 끼친 칸트, 비트겐슈타인의 사상과 실재에 관한 논의 등을 다루는데, 이해에 어려움을 느끼는 독자들은 3장을 먼저 읽은 다음 2장을 읽어도 좋을 것이다. 물론 2장에 소개하는 칸트의 지식이론이나 물 자체物 自體 사상, 비트겐슈타인의 사적 언어私的 言語 이론, 하이데거의 존재와 무無에 관한 생각들은, 이해하면 할수록 철학과 우리의 본질을 파악하는 데 도움이 된다.

3장은 명상과 철학의 만남에 관한 장으로서, 비트겐슈타인이 말한 신비스러운 사물들이 철학 및 명상과 어우러지는 곳이다. 3장 각 절 첫머리 사다리에 관한 짧은 화두들은 비트겐슈타인의 사다리를 모티브로 하여 본문의 의미들을 담아 창작해 보았는데, 2장 칸트의 물 자체 사상에 관한 '철학이라는 작은 새'의 비유와 함께 독자들에게 화두를 푸는 즐거움이 있기를 희망해 본다.

흔히 명상의 최고 단계는 신비주의적 경험이나 자아를 초월하는 깨달음으로 알려져 있는데, 철학적 신비주의는 그러한 내적 경험을 어떻게 철학적으로 객관화시킬 수 있느냐에 관심을 가진 분야이다. 3장에서는 철학적 신비주의가 명상과 철학의 연결점이 될 수 있는지 생각하면서, 명상의 본질이나 명상을 가로막는 심리적 방어기제에 관해서도 얘기할 생각이다.

명상에 관한 책들은 주로 명상의 방법론이나 효과만 다룰 뿐, 인간 자아의 본질과 극복의 함의含意에 대해서는 크게 다루지 않고 있는데, 3장에서는 자아와 명상과 관조의 본질적인 의미를 주로 다루면서, 우리가 허무주의를 극복하고 자아의 충일감을 회복할 수 있는지 살펴볼 것이다.

　오랫동안 나를 붙잡은 철학적 사유들이지만, 대부분은 우리 공동체와 선현들이 오래전부터 담금질해 왔던 사고들이거나 그 파생물이다. 사실 독창적이라 할 만한 부분은 하나하나의 생각들이라기보다는 그 연결점이라 할 수 있다. 또 그런 사고들을 현대인의 삶에 실천적으로 적용할 수 있느냐에 관해서 나만의 생각이 더해졌다면 더할 나위 없이 기쁠 것이다.

존재의
두드림

Contents

1장

트램펄린 위의 사람들

트램펄린에서 살아간다면

.

트램펄린 위에서 살아간다면
우리는 흔들리며 걷고 흔들리며 뛰어야 한다.

트램펄린은 사람들은 물론이고
나 자신의 발걸음에도 출렁인다.

흔들림을 피하려고
우리는 트램펄린 프레임에 다가가기도 하고,
트램펄린 한가운데서 더 높이 뛰어오르기도 한다.

트램펄린 위에서
우리는 흔들리지 않는 세계를 꿈꾸게 된다.

우리는 고정된 트램펄린을 그려 보기도 하고,
트램펄린에서 벗어난 저 높은 세계를 훔쳐보기도 한다.

우리의 사회적인 삶, 언어공동체에서의 삶을 트램펄린 위의 삶으로 비유해볼 수 있을까?

우리가 어느 정도나 언어적인 존재인지는 사람마다 생각이 다르겠지만, 인간이 공동체에서 언어로 의미를 소통하며 관계 맺는 사회적 존재라는 사실에는 의견이 일치할 것이다. 우리가 그렇게 언어공동체에서 타인과 어울려 살아가는 모습을 트램펄린 위에서의 삶으로 비유해 볼 수 있을까?

트램펄린 테두리의 고정된 프레임과 그 바깥은 흔들림이 없는 자연적이고 물리적인 환경에 비유할 수 있을 것이다. 그리고 트램펄린 바닥과 그 위의 우리들의 세계는, 언어로 의미를 소통하면서 사회의 도덕적 선택들 사이에서 갈등하며 생활하는 언어적이고 공동체적인 환경이라 할 수 있다. 트램펄린 프레임이 견고하게 트램펄린을 지지하듯 자연적, 물리적 환경은 언어나 의미의 사용 때문에 직접 영향을 받지는 않는다.[5] 그러나 언어공동체적

---

5) 훔볼트(W. v. Humboldt)와 같은 구성주의적 언어관에 따르면 자연적, 물리적 환경도 언어에 따라 영향을 받게 된다. 훔볼트에 의하면 사물은 사유되고 하나의 개념으로 파악되는 한에서만 존재하기 때문에 언어는 세계형성의 조건이 된다. 즉 언어는 단순한 의사소통의 도구를 넘어 인간 스스로와 세계를 동시에 형성하는 수단으로서, 인간은 언어를

환경은 트램펄린 바닥이 흔들리듯 그때그때의 대화와 맥락과 사회적 관계에 따라 끊임없이 유동하며 변화한다. 언어가 지시하는 의미는 맥락에 따라 쉬지 않고 변동하며, 도덕과 규범에 따른 선택들은 상황과 관계에 따라 끝없이 옳고 그름이 달라진다. 트램펄린이 발걸음에 흔들리듯 언어공동체적 환경은 소통과 관계에 따라 출렁인다. 이처럼 의미들이 관계와 맥락을 따라 미묘하게 변동하는 환경과 타인들 틈에서, 자아는 정체성과 안전을 확보하고자 쉼 없이 분투한다.

우리가 언어와 의미로 소통하고 사고하며 살아간다는 사실과 타인과의 관계나 의미와의 관계 속에서 자신의 존재를 발견한다는 사실을 인정한다면, 트램펄린에서 살아간다는 비유를 그저 재미 삼아 하는 비유로만 볼 것은 아니다. 우리는 언어와 사고, 소통과 관계가 만들어낸 의미의 트램펄린에서 함께 살아간다고 할 수 있다. 우리의 삶은 언어와 역사와 공동체가 선물한 거대한 트램펄린 위에서 이루어진다.

트램펄린에서 거주하는 우리는 흔들림에 대한 반작용으로 흔들림이 없는 세계를 꿈꾼다. 흔들림은 흔들림 없는 안정을 추구하게 하며, 흔들림이 초래한 불안감에서 벗어나고 싶은 욕망을 불러일으킨다. 우리는 보통 흔들린다는 사실과 흔들리는 이유를

통해서만 인간이며, 세계가 언어적으로 구성되는 한에서만 세계를 세계로 파악한다. (이성준, 『훔볼트의 언어철학』, 고려대학교 출판부, 1999, 98쪽 이하 참조)

잊은 채 살아가지만, 의식적이든 무의식적이든 트램펄린은 흔들림에서 벗어나려는 욕구를 생성해낸다. 고정된 트램펄린을 꿈꾸거나 트램펄린에서 벗어나고 싶은 욕망과 사고가 자연스럽게 생겨나는 것이다.

확실성과 절대성을 찾아 우리는 트램펄린 바깥의 물리적인 세계를 향하기도 하고, 더 높이 도약하면 흔들림에서 벗어날 수 있다는 희망을 품고 트램펄린 한가운데로 향하기도 한다. 트램펄린이라는 유동적인 의미망의 세계, 타인과 교류하는 공동체적 현실 세계에서 생활하면서, 우리는 콘크리트처럼 단단한 트램펄린을 꿈꾸기도 하고 반대로 트램펄린으로부터 끝없이 멀어지기를 원하기도 한다. 하지만 바닥이 단단한 트램펄린은 존재할 수 없고, 또 우리가 트램펄린 위 저 높은 곳에 영원히 머무를 수도 없다.

트램펄린의 탄력으로 높이 뛰어오르면 우리는 철학과 종교가 이끄는 순수사유와 피안의 입구에 들어선다. 그곳에서 우리는 트램펄린의 세계를 잊으려 한다. 트램펄린의 탄성 덕에 높이 뛰어오른 것이지만, 트램펄린의 사회적 언어적 환경이 우리의 거주지라는 사실을 잠시 잊는다. 잠깐이라도 우리는 트램펄린에서 벗어나, 눈에 보이지는 않지만 존재할 것만 같은 흔들림 없는 절대적인 세계를 그려 보기도 하고, 또 우리의 자아가 트램펄린의 흔들림으로 형성되었다는 사실을 잊은 채 흔들림의 영향에서 벗어난 절대적인 자아를 꿈꾸기도 한다.

하지만 순수사유와 피안을 향한 노력과 헌신이 아무리 높고 깊어도 우리는 유동하는 의미들이 충돌하는 현실 세계의 트램펄린으로 되돌아온다. 제아무리 높이 뛰어올라도 결국은 트램펄린 바닥으로 내려온다. 그리고 다시 트램펄린의 탄력으로 흔들리며 타인은 물론이고 나 자신의 의미들과 부딪히며 살아간다.

우리는 의미의 트램펄린에서 살아간다. 그래서 의미의 확실성, 의미의 절대성은 미해결의 숙제가 되어 진리와 참된 세계라는 심오한 이름으로 우리에게 다가온다. 거듭되는 뛰어오름, 거듭되는 존재 질문 속에서, 우리는 존재 질문이 트램펄린의 흔들리는 의미들에서 비롯되었음을 깨닫지 못하기도 하고 또 깨달았더라도 쉽게 망각한다. 흔들림이 불러일으킨 존재의 두드림과 그 대답으로서의 진리와 참된 실재를 우리가 거주하는 바로 그 트램펄린이 생성해 주었다는 사실을 잊는 것이다.

트램펄린은 흔들린다. 흔들림 속에서 우리는 확실성을 향한 욕구를 길어 올린다. 그것이 존재가 두드리는 이유이다. 의미와 관계는 흔들리며, 흔들림이 낳은 자아의 불안과 절대성을 향한 욕구로써 존재의 두드림을 부추긴다.

우리가 인간존재인 한 트램펄린은 끝없이 흔들린다. 끝없이 흔들리기에 존재 질문은 영원히 우리를 두드려 온다. 우리는 쉼 없이 이어지는 미묘한 흔들림의 세계에 서 있는 존재이다. 의미와 주체들이 상호작용하는 트램펄린에서는, 누구도, 어떤 의미도 절대적 확실성을 확보할 수 없다.

트램펄린 위에서 거주하는 인간은, 존재의 시작과 존재의 끝을 두드리는 존재다. 인간존재는 언어와 의미의 엉킴 속에서 트램펄린의 흔들림이 빚어내며, 우리는 존재하자마자 흔들림을 극복하고자 삶의 의미를 묻기 시작한다. 또 삶의 의미를 묻자마자 삶의 목적과 끝을 내다보는 우리는, 존재하자마자 존재의 끝을 두드리는 존재이다.

우리의 '인간적인' 존재는 의미의 트램펄린에 선 자아가 되었을 때 비로소 시작된다. 우리는 언어적인 소통과 사고로 존재하며, 공동체 속에서 자아를 가지게 되었을 때 비로소 존재하는 존재이다. 인간은 존재의 시작을 두드리는 존재임과 동시에 존재의 끝을 두드리는 존재이다.

흔들림 속에서 떠오르는 질문들

트램펄린에서는 흔들림과 충돌이 이어진다.

트램펄린은 때로는 잔잔히 요동하고
때로는 크게 출렁인다.

트램펄린 위에서의 삶은 즐겁지만 불안하며,
높은 도약은 깊은 추락을 예고한다.

흔들림 없는 세계를 꿈꾸는 우리는 자신도 모르게
흔들림의 이유와 의미에 관하여 묻게 된다.

트램펄린에서 살아간다면 우리는 흔들림이 없는 고정되고 절대적인 세계를 꿈꾸게 되며, 흔들림 없는 세계의 탐구는 존재와 진리에 관한 형이상학적 질문으로 우리를 이끈다. 의미와 관계의 트램펄린 위에서, 우리는 언어와 의미로 소통하고 공동체와 타인들과의 관계 속에서 다양한 흔들림을 겪으며 자아를 확립하고자 한다. 트램펄린은 우리에게 도덕과 자아에 관해 묻게 하며 존재와 진리를 탐색하게 하면서 점차 의미의 근원으로 우리를 안내한다.

근원을 묻고자 하는 존재 질문은 우리가 언어와 의미와 도덕에 의하여 공동체 내에서 흔들리고 있다는 사실에서 비롯되므로 궁극적으로는 트램펄린에서의 흔들림 자체를 향할 수밖에 없다. 그리고 근원적인 질문은 때로는 아주 추상적인 형태로 제기되거나 문법적 논리를 거슬러 제기된다. 최근의 철학 입문서 제목으로 쓰인 『이 모든 것은 무엇을 의미하는가?』와 같은 추상적인 질문이 대표적인 예라 할 수 있다.[6]

---

6) 토마스 네이글, 『이 모든 것은 무엇을 의미하는가?』, 조영기 옮김, 궁리, 2014.

맥락이 없거나 문법에 맞지 않는 이런 질문들은 현실 세계의 일반적 상황에서는 무시되기 쉽지만, 더 넓고 깊은 맥락에서는 충분히 의미를 가진 질문이 되기도 하고, 또 그 추상성과 오류를 통해서 우리가 언어적 트램펄린에서 거주한다는 사실을 생생히 알게 될 기회를 주기도 한다.

"별은 뭘 먹고 살아요?"라는 어린아이의 질문을 예로 들어 보자. 아이들은 자신이 알고 있는 지식을 새로이 알게 된 대상에 적용해 이처럼 창의적인 질문을 만들어낸다. 생명은 음식을 먹어야 살 수 있다는 사실과 별이라는 새로이 알게 된 천구상의 존재를 연관 지은 것이다. 우리는 이런 엉뚱한 질문에 적절한 대답을 할 수 있을까?

'이 모든 것은 무엇을 의미하는가?'처럼 삶의 근원적 이유나 존재의 이유에 관하여 묻는 것도 아이들의 이런 질문과 다르지 않다. 사실 학문적인 상황이 아니라면 존재 이유를 묻는데 적당한 전제나 상황을 제시하기 어렵다. 따라서 그런 질문이 입 밖에 나오게 되면, 설령 우리 마음 깊은 곳에 내재하여 언제든지 터져 나올 수밖에 없는 질문이라 하더라도, 아이의 별에 관한 질문처럼 맥락이 없거나 유치한 질문으로 들리기 쉽다.

이처럼 밑도 끝도 없이 제기되는 추상적인 존재 질문은 삶에서 제기되는 다른 질문들에 비추어 그 맥락을 찾기가 쉽지 않은데, 굳이 예를 찾자면, 실직하였다거나 불치병을 앓게 된 괴로움

속에서 인생에 대한 하소연을 표현하는 것일 수도 있다. 하지만 수많은 사람이 맥락도 없이 또는 권태나 외로움, 실패와 고통 등 여러 다른 상황 속에서 이런 질문을 하며 답이 없는 답을 찾으려 시도하므로, 심지어는 그런 모습이 인간의 본질처럼 보이기도 한다.

물론 존재 이유에 관한 질문은 현대 분석철학자들의 관점에서 본다면 맥락이 없을 뿐만 아니라 언어의 잘못된 사용에 해당한다. 이들에 따르면, 존재론이나 형이상학적 질문들은 심리학의 영역에 머물러 있어야 할 것을 철학적 주제로 잘못 옮긴 언어의 오용이라는 것이다. 특히 20세기 초반 오스트리아 빈을 풍미했던 논리실증주의자들은 이런 질문들을 언어의 그릇된 사용의 표본이며 논리적으로 무의미한 질문이라고 보았다. 그들 눈에는 언어와 논리를 제대로 파악하지 못하여 비롯된 잘못된 질문이 존재론과 형이상학이었다.[7]

하지만 형식 논리적 분석을 떠나, 모든 사람이 존재의 질문을 하고 있다면 이 질문이야말로 인간에게 가장 중요하고 가치 있는 질문이라 생각할 수는 없을까? 만일 그렇다면 맥락 없는 질문처럼 보이지만 우리는 어딘가에서라도 그 맥락을 발견할 수 있

---

[7] 논리실증주의자들은, 형이상학적 주장이 입증될 수 없는 것은 물론이고, 우리가 언어의 구조를 올바르게 이해하기만 한다면 그런 철학적 문제가 아예 일어나지도 않는다고 생각한다. (마이클 코라도, 『분석철학』, 곽강제 옮김, 서광사, 1986, 12쪽 참조)

어야 하지 않을까?

아이의 "별은 뭘 먹고 살아요?"라는 천진난만한 질문도 어떤 맥락을 전제로 하고 있다. 아이들은 생명체와 음식의 관계라는 전제하에서 새로이 알게 된 별이라는 존재의 정체 파악에 나선 셈이다. 그러므로 우리는 적절한 대답을 들려줄 수 있다. 별은 생명이 아니므로 음식이 필요 없다고 할 수도 있을 테고, 음식이 아닌 다른 형태의 에너지가 필요하다고 답할 수도 있다. 우리는 그런 질문들에 대하여 맥락이 없다고 섣불리 결론지을 게 아니라 우선 정확한 맥락을 짚어야 한다.

어떻든 논리실증주의자들의 주장은 선뜻 가슴에 와닿지 않는다. 철학이 인간 실존에 관한 가장 근원적인 질문에 대해서 대답을 회피하다니 말이다. 사실 그들의 주장은 질문의 숨겨진 배경을 무시하고 드러난 형식만을 주어진 상자에 가두려는 쪽에 가깝다. 아리스토텔레스 이래 인간과 존재의 근원에 관하여 이천 년 넘게 제기된 철학적 질문들이 미리 준비한 상자에 들어맞지 않기에 언어 사용의 오류로 내쳐지는 것이다.

만일 이 단순한 질문들이 맥락을 무시한 것이어서 잘못이라면, 또는 흔한 비유처럼 체스 게임을 벗어난 체스 말의 존재 이유를 묻는 것이어서 잘못이라면, 차라리 그 질문에는 보이지 않는 다른 맥락이 있다고 가정해 보면 어떨까? 질문 뒤편에 거대한 체스판이 있다고 말이다. 맥락을 놓친 질문이 아니라 더 큰 배경 위에서 빚어진 질문이라는 뜻이다. 질문이 맥락을 놓친 것이 아니라 질문을 분석하는 사람들이 맥락을 이해하지 못했다고 생각해 보자는 것이다.

사실 이것은 가정이 아니다. 이 질문들은 오히려 체스 말들의 움직임 중 가장 중요한 움직임 중의 하나이다. 그것은 인간의 역사와 언어와 공동체, 그리고 나 사이의 거대한 체스 게임 위에서 의미가 드러나는 질문이므로, 흔히 말하는 언어적 맥락이나 언어적 오용을 판단하는 바탕으로서의 배경보다 더 큰 그림 위에서 윤곽이 밝혀지는 질문이라는 뜻이다.

아무튼 저명한 철학자들 필생의 연구 주제인 존재론과 형이상학까지도 언어의 오류나 논리의 흠결로 보는 논리실증주의자들에게는, 철학자도 아닌 보통 사람들의 삶의 의미나 존재 이유에 관한 질문은 더더욱 헛된 것으로 느껴질 것이다. 하지만 그런 질문을 터부시했던 그들조차도 내심으로는 평생토록 존재에 관한 질문과 대답을 하였을 것이다. 왜냐하면, 존재 질문은 절대성과 무한을 추구하는 인간의 본질이요 숙명이기 때문이다. 언어와 의미로 소통하고 사고하는 한 인간은 존재를 두드리는 존재임을 피할 수 없다. 논리적 완결성에 대한 그들의 요구 자체가 절대성을 향한 본질적 욕구로서, 보통 사람의 존재 질문과 같은 근원에서 비롯된 것임을 어떻게 부인할 수 있을 것인가.

존재는 무엇인가, 존재 이유는 무엇인가 하는 질문은 결국 트램펄린 위에서 살아가는 우리의 삶 전체에 관하여 묻는 것이다. 존재의 의미에 관한 질문은 존재의 근원을 묻고 있으며, 이 존재라는 현상, 트램펄린의 흔들림과 뛰어오름이라는 현상에 관하여 묻고 있다. 의미의 트램펄린에서 형성된 우리의 세계 전체, 그리고 그 구성원으로서 실존하는 나의 본질을 묻는 것이다. 단지 그것이 맥락의 제시를 생략한 채 "별은 뭘 먹고 살아요?"라는 형태로 제시되었을 뿐이다.

물론 트램펄린 위에서의 삶이 없다면 그런 질문은 생겨나지 않을 것이다. 존재 질문은 의미의 트램펄린에서 거주하는 우리 자신을 알기 위한 질문이다. 직관적으로 던져진 질문이든, 학문적 연구를 위해 던져진 질문이든, 그 질문들은 궁극적으로는 공동체에서 전승된 언어와 사유의 체계를 향하게 될 것이다. 그것은 우리 자신을 이해하는 데 중요한 질문이며, 트램펄린에서 흔들리며 생활하는 우리의 본질이 쏘아 올리는 질문이다.

흔들림의 근원에서
심오함을 찾다

·

트램펄린 깊은 곳에서 우리는 원대한 도약을 시도한다.

저 높은 곳에서 우리는 트램펄린에서
흔들림으로만 존재하는 우리 자신을 내려다본다.

트램펄린 위에서 우리는 흔들림이 없는 세계를 꿈꾸며 실재와 진리를 묻는다. 우리의 질문은 실재와 진리로부터 시작되어 실재와 진리를 낳은 흔들림의 근원을 향하게 된다. 그런데 존재의 이유나 참된 세계에 관한 질문이 삶에 유용한 질문이기는 할까?

부처는 형이상학적 유희를 가치 없는 말장난이라 경계하면서 독화살의 비유를 들었다고 한다.[8] 독화살을 맞은 사람이 있다면 우선 화살을 뽑고 치료해주어야지, 화살을 뽑기 전에 귀족이 쏘았는지 평민이 쏘았는지를 따지고, 활줄과 화살이 무엇으로 만들어졌는지 판별하는 것은 중요하지 않다. 세상이 영원한지 아닌지, 영혼과 육체는 하나인지 아닌지와 같은 형이상학적 질문은 말장난에 불과할 뿐 중생을 구제함에 아무런 도움이 되지 않는다는 것이다.

삶의 근원적 이유나 존재 이유에 관한 질문 역시 유사할 것이다. 그런 이유가 없어도 우리는 여전히 살아가야 하며, 반대로 그

8] 불교 경전인 중아함경(中阿含經) 중 제60권인 전유경(箭喩經)에 나오는 비유이다.

러한 이유를 알려준다 해도 삶이 바뀔지는 알 수 없는 일이다.

『순수이성비판』으로 인간 이성의 형식과 한계를 분명히 해 사물 자체의 영역에 대한 인식이 불가능함을 밝히고자 했던 임마누엘 칸트의 사고 역시 독화살의 비유와 유사한 면이 있다. 칸트는 제자인 마르쿠스 헤르츠Marcus Herz에게 보낸 편지에서, 칸트 자신을 독단적 선잠에서 깨어나 이성 자체의 비판으로 나아가게 한 것은 "세계는 시작이 있다"라거나 "세계는 시작이 없다"라는 형이상학적 주장들에서 드러난 순수이성의 이율배반이었으며, 그런 해결할 수 없는 모순된 주장들이 자신의 비판 철학을 탄생시키는 계기가 되었다고 한다.[9]

비트겐슈타인의 철학의 사다리에 관한 주장도 비슷하다고 할 수 있다. 그는 철학의 임무는 언어의 사용 규칙을 명확히 하여 언어의 잘못된 사용을 방지하는 것이라 한다. 언어의 잘못된 사용의 대표적인 예가 형이상학이며, 형이상학을 중심으로 한 기존의 철학은 혼동과 질병에 불과하다. 비트겐슈타인의 주장에 따르면, 실재에 대한 형이상학적 갈망들은 부처가 경계한 '독화살을 누가 쏘았는지?'에 해당하는 질문을 하는 셈이다.[10]

---

9) 이엽, 「이율배반: 칸트 비판 철학의 근본 동기」, 한국칸트학회 논문집 칸트연구 제26집, 2010년 12월, 2~3쪽.

10) 이런 관점에서 보자면, 2장에 소개하는 실재론이나 반실재론에 관한 현대철학자들의 논쟁 역시 그런 형이상학적 논의의 예가 될 것이다. 실재론이나 반실재론은, 세계가 인간과 상관없이 이미 만들어져 있고 우리는 그 세계를 파악하는 것에 불과한지, 아니면

독화살에 맞은 사람이 오면 치료가 먼저이지 활을 쏜 사람이 귀족인지 평민인지를 따져서는 안 된다. 그것은 사람의 생명만큼 다급한 문제가 아니다. 마찬가지로 삶의 근원적 의미나 존재 이유에 관한 질문은 인간의 삶에 관한 유용성으로 보자면 쓸모없는 질문이라고 할 수 있다. 생활에 필요한 실용적인 문제를 해결하는 데 아무 도움이 되지 않기 때문이다.

그러나 그 점에 이 질문들의 본질이 있다. 실질적인 답이 없다고 해도 우리는 질문을 반복한다.[11] 종교적 믿음에서 실질적인 해답을 찾았다고 생각하는 사람들도 있다. 하지만 그들이 계속 사원을 찾는 이유는 사실은 같은 질문을 반복하고 있기 때문일 것이다. 이 질문들은, 진지하게든 건성으로든, 단순한 망각이라고 무시하기에는 지나치도록 집요하게 일생을 통하여 제기된다. 왜 그렇게 반복되는 것일까? 혹시라도 그 질문들이 반드시 쓸모

세계가 인간의 주관이나 정신적 활동으로 비로소 존재하게 된 것인지를 따진다. 이와 같은 논의들이 우리의 삶에 아무런 영향도 줄 수 없다면 부처가 말한 누가 독화살을 쏘았는지에 해당하는 질문이 된다.

11) 칸트는 『순수이성비판』에서, 세계는 시초를 가지는가 아니면 시초 없이 영원한가 등에 관한 질문들이 항상 모순에 직면할 수밖에 없음에도, 인간 이성은 자연 소질로서 자기 자신의 필요에 이끌려 이성의 원리에 따라 답할 수 없는 그런 문제에까지 멈춤 없이 나아가는 성향이 있다고 말한다. (임마누엘 칸트, 『순수이성비판 1』, 백종현 옮김, 아카넷, 2006, 230~231쪽 참조)
물론 칸트는 순수이성 비판에서 이러한 형이상학적 사변 활동을 이성의 오용(誤用)이라 주장하면서, 우리의 지성은 선험적(先驗的)으로 주어져 있는 범주(範疇)를 통해서만 현상을 파악할 뿐 실재를 인식할 수는 없다고 함으로써, 이성 자체의 한계를 설정하고자 한다.

없지만은 않다고 의심해 볼 필요는 없을까? 존재론과 형이상학이 인류 역사를 관통하며 살아남은 데에는 무엇인가 본질적인 이유가 있었던 것이 아닌지 말이다.

생각을 바꿔 존재 질문이 쓸모없는 허튼 질문이 아니라 인간에게 필수 불가결하고 지극히 유용한 질문이라고 생각해 볼 수도 있다. 우리는 손가락 하나쯤을 잃는 한이 있더라도 언어소통이 불가능한 존재가 되기를 원하지는 않을 것이다. 그 정도로 언어와 의미가 신체 일부보다 더 중요해진 우리에게는, 존재 질문이 다른 무엇보다도 더 유용한 질문이 될 수 있다. 그 질문이 우리의 의사소통과 사고 자체로부터 필연적으로 파생되는 것이라면 말이다.

인간은 신체적 존재를 넘어 언어적 존재가 되었다. 우리는 신체적 구속이나 한계를 느낄 때 그 한계와 구속에서 벗어나려 노력한다. 스포츠선수는 물론이고 보통 사람들도 일상에서 신체적 한계를 극복하려 노력한다. 마찬가지로 우리가 매일 언어적 한계와 의미의 구속을 느낀다면, 어떤 형태로든 그 한계로부터의 탈출과 극복을 시도할 것이다. 즉 우리가 언어적 존재로서 필연적으로 의미의 한계나 충돌을 느낄 수밖에 없는 존재라면, 우리는 벗어나려는 노력의 하나로 끝없이 그러한 질문을 하게 되는 것은 아닐까? 그렇게 생각한다면 존재 질문은 반드시 무의미하고 허튼 질문이 아닐 것이다.

어찌 보면 당연해 보이는 독화살의 비유에도 함정은 있다. 사실 이런 주장들에는 함정이 숨어 있기 마련이다. 먼저 형이상학적 말장난에 불과하다고 치부된 질문들, 즉 세상이 영원한지 아닌지, 정신과 육체가 같은지 다른지 하는 질문들이 독화살에 해당하는 질문인지, 아니면 활을 쏜 사람이 귀족인지 평민인지에 해당하는 질문인지를 어떻게 판가름한단 말인가.

우리를 신체적 존재로만 제한하여 바라본다면 세계의 의미나 존재의 의미에 관한 질문들은 형이상학적 말장난에 불과한, 독화살을 쏜 사람의 지위에 관한 질문일 것이다. 하지만 우리는 신체적 존재만은 아니다. 우리는 언어로 소통하며 의미로 세계를 인식하는 존재이다. 그것이 인간존재가 동물과 다른 점이다. 그렇다면 정신과 육체의 문제, 무한과 유한의 문제는 말장난이 아니라 인간에 관한 본질적인 질문이 될 수 있다. 동물적인 존재에 관한 질문이 필요 없다는 뜻이 아니라, 그것에 더하여 의미를 이해하는 언어사용자로서의 인간, 도덕적인 존재, 형이상학적인 존재로서의 인간에 관한 질문이 남아 있다는 뜻이다.

생각해 보면, 세상이 유한하다면 나 자신의 유한성을 한탄할 이유가 줄어든다. 하지만 영혼이 육체 이후에도 영원히 살아남는다면 내 삶의 방식은 바뀌어야 한다. 불교 철학에 따르면 자아와 진리에 대한 집착이 고통과 번뇌를 불러온다. 그 집착들은 바로 세상의 영원성에 대한 관점이나, 영혼, 육체, 자아에 대한 관점에서 비롯되는 것이며, 그것은 형이상학적 세계관들이다. 그렇기에 존재론적, 형이상학적 질문들은 집착과 고통을 부르는 관점을 수정하여 삶의 방식과 결과를 바꿔놓는 중요한 질문이 될 수 있다.

*
**

　칸트나 비트겐슈타인 외에도 현대의 많은 실용주의나 행동주의 경향의 학자들이 철학으로서의 형이상학이 필요 없다고 주장하고 있고, 또 보통 사람들의 삶에서도 철학은 지적 유희에 불과한 것으로 보이기 쉽다. 존재론과 형이상학을 최고의 학문으로 보았던 예전의 사고는, 세상에 심오한 것은 존재하지 않는다는 주장이 철학적으로 가장 심오한 주장이 된 현대에서는 그 빛을 잃어가고 있다.

　심오함을 거부하는 대표적인 현대철학자로는 미국의 실용주의 철학자 로티R. Rorty를 들 수 있다. 철학과 형이상학의 가치를 부인하는 로티는, 진리란 존재하지 않으며 세상에 심오한 것이 있을 수 없다고 주장한다. 그에 따르면 진리란 있지도 않거니와 필요하지도 않다.

　니체의 관점주의 철학과 미국 실용주의 철학자 듀이의 계보를 이어받은 로티에게는, 진리를 추구하는 철학이라는 분야는 종교가 힘을 잃은 사이 잠깐 나타난 과도기적 현상일 뿐이다. 미래에는 시와 소설 같은 문학이 철학을 대체하여 본질이나 진리에 관한 주장이 사라질 것이라 로티는 말한다.[12] 본질은 없으며 우리는 우연성에 의한 문화 속에 있을 뿐이다.

로티는 영원한 진리를 찾으려는 전통적인 철학의 기획을 포기해야 한다고 말하면서, 있는 그대로의 사물, 즉 실재의 본성을 알아냄으로써 항구적인 진리를 발견하려는 철학자들의 작업이 쓸데없는 정력의 낭비라 말한다. 진리나 실재를 발견하려는 노력은 좀 더 나은 삶이나 민주주의와 같은 유용한 목표들로 대체되어야 하며, 중요한 것은 영원한 지식이 아니라 그때그때의 문제를 해결하는 유용성이라는 것이다.[13]

> 나처럼 자신을 사소한 포스트 모더니스트로 생각하는 사람들은 그런 궁극점이 있다고 생각하지 않는다. 우리는 탐구가 단지 문제해결의 또 다른 이름일 뿐이라 생각하고, 우리는 인간이 어떻게 살아가야 할지, 우리를 어떻게 이해해야 할지에 관한 질문이 궁극지점에 도달하리라 생각할 수 없다. 낡은 문제들의 해결책은 새로운 문제를 일

---

12) Richard Rorty, "Philosophy as a transitional genre" in Philosophy as Cultural Politics, Cambridge University Press, 2007, 89쪽 이하.
13) 로티의 사상 일반은 김용준·이유선·황설중·임건태·이병철, 『로티의 철학과 아이러니』, 아카넷, 2014. 참조.

으킬 것이며, 그런 과정이 끝없이 계속된다.[14]

프래그머티스트에게 문제가 되는 것은 인간의 고통을 감소시키고, 평등을 증가시키며, 모든 아이가 동등한 행복의 기회를 부여받은 상태에서 삶을 시작할 가능성을 증가시킬 방법을 고안해 내는 일이다. 이런 목표는 하늘의 별에 쓰여 있지도 않고, 더는 칸트가 '순수 실천 이성'이라고 부른 것으로 표현될 수도 없으며, 신의 의지의 표현이라고 할 수도 없다. 이 목표는 그것을 위해 죽을 만한 가치를 갖는 것이지만, 초자연적인 힘으로 지지될 필요는 없는 그런 것이다.[15]

　로티는 사회적인 것의 우선성을 강조한다. 사회적 우선성을 받아들이게 되면, 예를 들어 신의 존재에 관한 질문은 신에 관하여 이야기하는 것이 도움이 되느냐 아니냐의 문제가 된다. 두 그룹의 신의 뜻에 관한 해석이 달라지면 신의 이름으로 말해지는 것은 법정에 선 양쪽 변호사들의 변론처럼 각 이해관계자의 주장이 되는 셈이다. 변호사들은 각자의 법 해석의 권위를 주장할 것이지만, 권위에 대한 양쪽 의견이 다르면 권위는 아무 소용이 없다. 공동체가 어느 하나의 신념을 받아들일 때, 혹은 법원이 어느 한쪽의 손을 들어주었을 때만 권위는 적용될 수 있다. 소

---

14) Richard Rorty, "Philosophy as a transitional genre", 2007, 89쪽.

15) Richard Rorty, Phlilosophy and social hope, Penguin Books, 1999, 29쪽. 김용준 외 『로티의 철학과 아이러니』, 25쪽에서 재인용.

위 말하는 권위는 공동체의 승인이 없으면 서로 간의 다툼에 지나지 않는 것이다.

로티의 주장은 현실적으로 부인할 논리를 찾기 어려울 정도로 통렬하지만, 역사적으로 보면 사회적 유용성이나 공동체의 승인만이 꼭 옳은 것은 아니었다. 그것들 역시 인간과 자연의 본질에 의한 제한을 받아왔으며, 또 본질 자체가 사회적 유용성과 공동체를 세우는 기반이었다. 따라서 그런 본질을 해치고자 했던 시도는 언제나 실패하고 좌절할 수밖에 없었다. 예를 들어 인간이 생물학적으로 동물임을 승인하지 않는 사회가 있다 해서 우리의 동물적 본질이 사라지는 건 아니다. 사회적 권위가 아무리 인간의 동물적 측면의 연구를 막는다 해도 그런 시도는 결국 실패할 것이다.

우리에게 형이상학적이고 신적인 본질이 있다면, 그 본질적인 면을 발견하려는 노력은 무의미하지 않다. 사회의 권위가 인정하든 인정하지 않든 그것이 존재하며 영향력을 발휘하고 있는 한 그 탐구의 유용성을 부인할 수 없는 것이다. 신의 존재를 떠나 절대성을 원하는 성향으로서의 심리적 욕구가 인간에게 내재하고 있다면, 그것은 사회적 우선성을 넘어 이미 존재하는 본질이다. 그것이 우리에게 삶이 무엇이며 존재가 어떤 의미인지 묻게 한다. 그 본질로 인하여 인간은 존재하기를 그칠 때까지 종교지도자에게든 스스로의 사유를 통해서든 자아와 존재의 의미를 끝없이 묻는다.

로티가 철학의 대체자로 들고 있는 시와 소설 역시 본질에 관한 질문을 한다. 사실 인간과 공동체의 본질에 관한 질문을 하지 않는다면 문학이 존재할 수 없을 것이다. 그런 질문들이 유용하지 않다면, 삶도 무용하고 성취와 예술도 무용하며, 인간의 모든 의미가 무용하지 않을 수 없다.

삶의 근원적 의미에 관한 질문이 쓸모없다는 주장은 인간을 동물적 존재, 사회적 존재로만 보는 관점이며, 인간의 형이상학적 고뇌를 부정하는 관점이다. 하지만 우리의 자아가 공동체에서 형성되었다 해서 오로지 공동체의 필요와 권위에만 의존하여 사는 것은 아니다. 우리는 어머니를 통해 태어났어도 꼭 어머니의 뜻대로만 살지는 않는다. 소통하며 사고하는 존재로서의 나를 낳은 것은 공동체이지만, 실존적 주체로서의 나에게는 사회적 유용성을 넘어 나의 존재 의미에 관한 질문과 대답이 가장 중요할 수 있다. 게다가 이 질문들은 공동체가 전승한 사고체계의 본질에서 비롯되는 것이 아닌가.

트램펄린 위의 존재에게는, 저 높은 절대성의 세계를 찾으려는 노력과 트램펄린의 흔들림을 이해하려는 노력이 쓸모없지 않다. 우리가 생물학적 존재임을 밝힌 것이 유용했듯이, 우리가 의미와 절대성을 희구하는 형이상학적 존재임을 밝히는 것도 틀림없이 유용하다. 언어로 소통하며 의미로 사고하는 우리가 그러한 시도를 통해 우리 자신을 더 깊이 이해하게 되면, 그것은 관점의 변화에 의해서든 다른 무엇으로든 우리 삶에 영향을 미칠 것이다.

사람은 태어났기 때문에 살아가지만, 살아가는 동안 삶의 의미를 물으며 살아간다. 태어났기 때문에 살아감은 인간이 동물로서 태어났기 때문이며, 타인과 호흡하며 공동체를 건설하면서 살아감은 우리가 사회적 존재로서의 인간으로 태어났기 때문이다. 나아가 우리는 형이상학적 존재로서 자신의 존재 의미를 물으며 살아가도록 태어났다. 형이상학적 존재인 우리는 본질에 있어 심오함을 원하는 존재가 아닐 수 없다.

과학과 문법을 초월한
본질을 향하어

트램펄린의 흔들림은 이제 존재 질문이 되어
흔들림 스스로를 향한다.

우리는 트램펄린 위에서 흔들림 없는 세계를 꿈꾸기에 참된 세계와 진리를 찾아 형이상학의 길에 들어선다. 하지만 근대 이후 자연과학의 성과와 기술 문명의 발전은 이제 실재와 진리의 발견을 철학이 아니라 과학적 탐사와 연구에 맡겨야 한다고 생각하게 한다. 과학이 발전하여 우주의 기원이나 인간 창조와 진화의 비밀을 낱낱이 밝혀내면, 삶과 존재 이유에 대해 더는 철학적으로 연구할 필요가 없게 된다는 뜻이다. 과학자들은 물론이고 이성과 과학의 힘을 믿는 많은 사람이 그렇게 생각한다. 우리가 진리와 실재에 관하여 묻는 까닭은, 물리학이나 생물학 같은 자연과학이 아직 존재의 근원적인 이유를 밝히지 못했기 때문이라는 것이다.

빅뱅이 논쟁거리가 되었을 때 로마교황청에서 과학자들에게 빅뱅에 관하여 더는 연구하지 말기를 청했다는 이야기가 있다. 빅뱅이 바로 천지창조의 순간이므로 그 이전을 연구할 필요가 없다는 뜻이다. 사실 여부를 떠나 이런 농담 같은 이야기가 존재 이유에 관하여 과학이 최종적인 결론을 낼 것이며 거기에 철학이 설 자리는 없다는 태도를 보여준다. 우리의 물리학적, 생물학적 근원을 알게 되면 존재에 대한 의문이 모두 해결되리라 생각하는 것이다. 그런 사고에 따르면 장차 과학이 발전하여 우주의 근원, 생명의 기원을 밝히게 되면 존재 질문은 그치게 된다.

그 생각이 옳다면 존재론적이고 형이상학적인 질문들은 유용하지 않을 뿐 아니라 잘못된 것이다. 우리는 형이상학이나 철학에 연연하지 말고 생물학과 물리학, 천문학에 더 관심을 가져야 한다. 하지만 진리를 찾고 흔들림의 근원을 밝히려는 것이 트램펄린 바깥 세계의 근원을 밝히고자 함이었을까? 실재와 진리에 관한 존재 질문은 우리가 공동체 내에서 언어와 의미, 도덕에 의하여 흔들리고 있다는 사실에서 비롯된 것이 아니었을까? 만일 그렇다면, 질문은 트램펄린의 흔들림에 관한 것이지, 트램펄린 바깥에 존재하는 자연과학적 세계에 대한 것이 아니다.

빅뱅이 우주의 시초라는 사실, 빅뱅 이전에는 아무것도 없었고 빅뱅으로 우주가 생성되었으며 그 발전과정에서 생명체인 우리가 태어났음이 낱낱이 밝혀졌다고 가정해 보자. 우주 생성의 비밀, 생명 탄생의 비밀이 속속들이 밝혀지면 우리는 존재 이유에 관한 질문을 멈추게 될까? 또는 우리가 어떤 지적 존재의 유전자조작으로 태어났다는 사실이 외계생명체의 발견과 유전자 추적을 통해 증명되면, 우리는 삶의 근원적 의미와 존재 이유에 관한 질문을 그치게 될까?

물론 어떤 사람들은 그 유전자조작의 의미나 빅뱅의 의미에 대해 더 이상 묻지 않을 것이다. 또 그 지적 존재의 본뜻이나 삶의 근원적 의미, 존재 이유에 관해서도 탐구를 멈출 것이다. 하지만 대부분 사람은 그렇지 않을 게 틀림없다. 지적 존재의 창조를 인정한다고 해도 그와 별개로 우리 삶의 근원적 이유를 탐색할 것이며, 심지어는 그 지적 존재가 더는 묻지 말라고 명령하더라도 굴복하지 않을 것이다. 많은 사람이 묻고자 할 것이며 또 질문할 권리를 위해서 거리에 나설 준비가 되어 있을 것이다.

권리에 대해 말하고자 함이 아니라, 삶의 근원적 이유나 존재하는 이유를 물음에 있어서 우리가 물리학적, 생물학적 설명만을 원하는 게 아니라는 점이다. 처음에는 자연과학적 궁금증에서 비롯되었다 하더라도 사고가 깊어질수록 우리는 자연과학적 설명을 넘어 의미에 관한 대답, 형이상학적 대답을 원하게 된다. 이것은 우리의 당연한 본성을 얘기하는 것이지만 지금과 같은 과학기술 문명의 시대에는 그런 기초적인 부분조차도 강조하지 않으면 간과되기 쉽다.

우리는 우리가 생물학적으로 어떻게 포태(胞胎)되어 세상에 태어났는지를 궁금해하는 게 아니며, 인간의 구성 분자나 물리적인 기원에 관해서 묻는 것이 아니다. 물론 그런 궁금증은 당연히 있고 해당 과학 분야의 발전을 통해서 밝혀질 부분이지만, 존재에 관한 질문은 그런 차원을 넘어서 형성된다. 과학적, 물리학적, 생물학적 설명만으로는 만족하지 못하기 때문에, 우리는 존재 이유와 의미를 찾아 철학을 공부하고 종교에 몰두한다.

야스퍼스는 우리의 유래에 관하여 인간이 지구상의 다른 생명체들과 같이 세계의 자연으로부터 발생하였다는 대답만으로는 결코 우리의 내면에 이르지 못함을 강조한다.

> 가령 우리가 두뇌의 물질에 의해서 그 가장 세미한 구조에 이르기까지 알게 된다고 하더라도, 그것이 감성적 지각과 의식의 내면성으로의 비약을 파악할 수 있게 해주지는 못하며, 결국 그러한 내면성은 여전히 파악 불가능한 것으로 남게 된다. 우리는 이러한 내면성을 확신하고 있다.[16]

"나는 나 자신에게 물음이 되었다."라는 아우구스티누스의 말처럼, 야스퍼스는 세계가 우리 자신을 이해하도록 도와주지 않으며, 우리가 세계를 다 알지 못하는 것처럼 우리 자신도 우리에게 비밀에 싸여 있다고 말한다.

다시 말해 존재하는 모든 것의 물리적 구성요소와 기원이 밝혀지고 생명의 비밀과 우주의 신비가 다 밝혀져도, 우리는 여전히 존재 이유를 묻는다. 우리는 물리적, 생물학적 탄생의 원인을 넘어, 철학적, 형이상학적 존재 이유에 천착穿鑿하는 존재들이다. 우리에게는 우리 자신이 신비에 감춰진 대상이다.

16] 야스퍼스, 『계시에 직면한 철학적 신앙』, 1989, 25쪽 이하.

존재의 두드림은 그치지 않는다.

우리는 시초 이전을 물을 것이다. 시초의 의미에 대해서도 묻고, 시초를 떠나서 우리에게 다른 참된 의미는 없는지도 물을 것이다. 질문을 그쳐야 하는지, 물리적 시초가 밝혀짐으로써 우리의 존재 이유에 관한 충분한 대답이 되었는지도 진지하게 의문을 가질 것이다.

사실 빅뱅을 천지창조로 해석함이 과학적 성과를 인정하는 태도 뒤에 형이상학적 근원을 찾는 우리의 본질이 있음을 보여주는 것이다. 빅뱅 너머에 신이 존재의 근원으로서 존재한다는 것은, 빅뱅이라는 물리적 현상에 대하여 여전히 해석이 필요함을 의미한다. 빅뱅은 근원이 아니며 여전히 이유를 필요로 한다. 우리는 물리적 원인을 넘는 형이상학적 원인을 찾고 있으며, 존재 질문은 지각으로 경험할 수 없는 초월적 원인 — 그 존재 여부를 떠나 — 을 향하고 있다.

존재와 진리를 향한 우리의 질문은 형이상학적인 대답을 요구한다. 물리적 원인은 종착점이 아니라 시작에 불과하며, 그것이 형이상학적 질문의 본질적인 특징이다. 질문들은 물리적 현상에서 그치지 않으며 언제나 그 너머를 향한다. 그렇다면 존재의 의미와 진리는 인간의 실존에 관한 문제로서 우주의 탄생 같은 과학적 문제와는 별개의 것이다. 형이상학적 질문은 과학적 성과만으로 해소되지 않으며, 과학이 인간의 형이상학적 욕구를 만족시키지 못하는 이유가 거기에 있다. 과학적 탐구를 통해 우리는 우리가 우주의 중심이 아니라는 사실을 알았고 인간이 진화 과정에서 태어났다는 사실도 인정하게 되었지만, 과학적 성과는 여전히 나의 존재 이유, 인간존재의 의미에 대한 답을 제공하지 못한다.

과학적 대답은 과학적 대답일 뿐이다. 『이기적 유전자』와 『만들어진 신』으로 유명한 리처드 도킨스Richard Dawkins의 신에 관한 주장이 타당하면서도 한편으로는 아쉬웠던 이유가 여기에 있다. 만들어진 신은 존재하지 않는다는 주장은 신이 왜 필요했는지, 원시사회에서 생성된 신이 왜 아직도 수십억 인류에게 존재의 의미가 되는지에 관한 답을 주지 못한다. 또한 인간이 왜 신적 존재인지, 왜 신적 존재가 되고자 하는지 대답하지 못한다.

우주의 탄생이 왜 존재 이유가 되지 못하며, 어머니가 나를 낳았다는 사실이 왜 나의 존재의 근원적 이유를 충족시키지 못하는가. 동물을 넘어 인간으로서 우리의 존재 이유는 물리학적이거나 생물학적인 관점에 있지 않기 때문이다. 과학은 지각을 기초로 한 경험의 세계를 논하지만, 우리는 지각과 경험을 넘어서 사유의 세계에 나머지 한 발을 걸치고 있기 때문이다. 존재 질문은 우리의 '동물'로서의 존재의 기원을 넘어 '인간'으로서의 존재의 의미를 탐색하고 있으며, 그 대답은 의미와 사유의 차원에 있다. 존재 질문은 우리가 생물학적으로 어떻게 태어났는지를 넘어 인간적 존재의 의미와 근원이 무엇인지를 묻고 있다.

물리학적, 생물학적 원인이 밝혀지면 모든 것이 규명된다고 생각하는 사람에게는 이런 논의가 무가치하게 느껴질 것이다. 그런 생각 속에서는 동물의 존재 이유나 인간의 존재 이유, 행성들의 존재 이유에 차이가 없으며, 대답은 사유적 차원이 아닌 물리적 차원에 있게 된다. 하지만 그 대답 자체가 사유와 의미에서 비롯된 것임을 간과한 것이므로 적절한 대답이 아니다. 질문자체가 사유임을 생각해 보라. 물리적 차원에서는 아무 질문도 솟아오르지 않는다. 질문은 인간의 사고에서 비롯된다.[17]

이처럼 존재 질문은 자연과학의 영역을 넘어서 생성되며, 나아가 질문을 하게 한 자아의 바탕이 되는 사회적 관계의 영역마저 넘어서서 흔들림의 근원과 해답을 탐색한다. 따라서 대답은 우리의 동물적, 사회적 영역의 삶에 영향을 줄 수도 있고 아닐 수도 있다. 다만 우리는 대답의 가치를 다른 기준에 의해서 깎아내릴 필요는 없다. 질문은 철학적이고 형이상학적인 영역에서 시작되었는데 대답의 가치평가를 엉뚱하게 동물적이거나 사회적 영

---

17) 물론 정신도 중추신경계에서 일어나는 물리적 현상이라는 현대 심리철학의 심신일원론을 부인하고자 하는 뜻은 아니다. 다만 세계를 완전히 유물론적으로 보더라도 정신이나 사고가 물질과 구분된다는 일반적인 생각 자체는 부인할 수 없다. 그 구별되는 현상이 근본적으로는 같은지 아닌지가 유물론에 대한 논쟁이다. 마음 역시 물질현상이지만 심리나 정신의 영역은 정신 밖의 물질과는 달리 생각되어 왔으며, 그로 인하여 서로 다른 개념적 영역을 구축해 왔다.

역에서 하는 것은 질문과 대답의 차원을 혼동하는 오류이다. 맛을 품평하기 위해 포도주를 시음한 후에 정작 평가를 포도주의 영양분으로 할 수는 없는 것이다.

물론 우리가 존재 이유를 묻고 답하지 않아도 생존하는 데는 큰 지장이 없다. 영양성분에 대해 잘 알지 못해도 우리가 여전히 음식을 섭취하고 생명 활동을 해나가듯이, 형이상학적 지식이나 성찰이 있거나 없다 해서 삶에 대단한 변화가 오지는 않을 것이다. 지식의 변화로서만 기능할 뿐 삶의 방식에는 아무런 변화가 없을 가능성도 있다. 하지만 어떤 사람에게는 근원적 궁금증에 대한 대답으로서 인생의 빛이 될 수도 있는 법이다.

인간은 누구라도 존재 질문과 대답을 하면서 살아간다. 인간 존재의 삼각형을 완성하는 꼭짓점이 형이상학적 질문과 대답이기 때문이다. 다만 질문과 대답이 인간의 본질로부터 솟아오른다 해도, 본질에서 피어난 개인의 삶은 각자 다르며 또 대답이 끼치는 영향도 획일적이지 않다. 음식의 영양성분을 잘 안다고 해서 모두가 똑같은 음식을 섭취하지는 않는 것과 같다.

우리는 의미와 소통의 공동체인 트램펄린 위에서 흔들리며 존재의 의미와 진리를 묻는다. 우리는 흔들림이 없는 참된 세계를 꿈꾸며 실재를 탐구한다. 트램펄린에서 흔들리는 한, 즉 우리가 의미와 소통의 세계에 거주하는 한 존재론적이고 형이상학적인 질문은 언제나 우리 곁에 있다. 우리가 인간존재로서 활동하는 한 존재와 진리의 질문은 항상 우리를 두드려 온다.

근원을 묻고자 하는 존재 질문은 우리가 언어공동체에서 거주하고 있다는 사실에서 비롯된다. 존재 질문은 궁극적으로는 트램펄린의 흔들림 자체를 향한다. 존재 질문은 과학을 뛰어넘고 문법을 초월하여 우리 존재의 본질을 향한다.

2장

철학이라는 작은 새

실재實在와 인식

·

철학은 새장 바깥으로 나갈 수 없는 작은 새다.
철학은 새장 안을 빙빙 돌며
새장 바깥에 나왔다고 착각하는 작은 새에 불과하다.

1장 "트램펄린 위의 사람들"에서는, 인간이 의미의 트램펄린에서 살아가는 존재라는 비유를 들어 우리가 필연적으로 추구하게 된 의미의 확실성과 절대성이 진리와 참된 세계라는 이름으로 우리에게 다가온다는 점에 관하여 얘기해 보았다. 트램펄린의 흔들림은 확실성과 절대성을 원하는 욕망을 불러일으키며, 자아의 불안에 기초하여 흔들림 없는 의미라 할 수 있는 진리를 향한 욕구로 존재의 두드림을 부추긴다.

그러나 의미의 트램펄린이 존재의 두드림을 부른다고 하더라도, 우리의 인식능력이 진리나 실재를 알거나 확인할 수 없다면 존재의 두드림은 헛되고 무의미한 질문으로만 남게 될 것이다. 그렇기에 우리가 참된 세계에 관한 지식을 확보할 능력이 있는지는 중요한 철학적 문제가 된다.

*
**

존재 이유나 삶의 근원적 의미에 관한 질문은 궁극적으로는 실재와 진리에 관하여 묻는 것이다. 그런데 존재, 실재, 진리에 관한 질문은 철학사적으로 너무 난해한 질문으로서, 철학과 사유가 발생한 이래 수많은 철학자와 철학서들이 쉬지 않고 다루어왔다고 할 수 있다. 대부분 철학자의 사유가 이 질문들을 둘러싸고 있으며, 아리스토텔레스, 하이데거와 같은 이름만 들어도 알 수 있는 철학의 거장들이 가장 관심을 기울인 질문이기도 하다.

살면서 늘 던지는 존재 질문이지만 그 바탕은 이처럼 철학사상 가장 중요한 질문일 뿐만 아니라, 하나의 개념은 다른 개념들과 얽혀 있어 나머지 전부를 밝히지 않는 한 어느 하나도 제대로 밝혀지지 않는 구조를 이루고 있다. 즉, 존재, 실재, 진리를 둘러싼 논의들은 서로를 둘러싼 채 얽혀 있으며, 신과 인간 그리고 삶의 의미와 도덕도 서로에게 서로를 의존하고 있다. 또 우리에게 드러나는 것으로서의 현상과 현상의 본모습으로서의 본질이나 실재에 관한 논쟁은, 우리가 본질을 인식할 수 있느냐 하는 인식 가능성에 대한 논의와 연결되고, 실재를 참된 세계라 이해하면 참됨의 의미에 대한 논쟁이 이어지며, 또 우리가 존재를 논한다면 하이데거가 존재의 집이라 불렀던 언어의 본질을 따지지 않을 수도 없다. 꼬리에 꼬리를 물고 이어지는 셈이다.

그런 까닭에 철학이 태어난 이후 수천 년이 흐른 지금도 철학자들은 실재가 존재하는지, 실재가 무엇인지에 대해 결론 없는 논의를 계속하고 있으며, 실재를 판별하기 위한 전제로서 참됨이 무엇인지에 대해서도 논쟁을 거듭하고 있다. 또 실재에 관한 논의의 전제가 되는, 존재는 무엇인지, 존재라는 술어가 의미 있는 술어인지에 대해서도 끝이 없을 것 같은 논쟁을 이어가고 있는데, 이러한 상황은 진리와 실재에 관한 대답이 과연 가능한 것인지 의심이 들지 않을 수 없게 한다.

사실 인간존재가 트램펄린 위의 존재라는 비유는 우리가 이처럼 끝없는 질문을 할 수밖에 없다는 것을 의미한다. 질문은 끝없이 제기되고, 어떤 질문이든 하나의 화두가 되어 깊어지면 일상적인 대답을 넘어 존재론과 형이상학의 세계로 우리를 이끈다. 그리고 이 책의 질문은 1장의 비유처럼, 트램펄린에서 흔들리는 우리가 숙명적으로 추구하게 된 흔들림 없는 절대성의 세계, 실재에 관한 것이다.

이제 존재의 이유에 관한 질문이 존재론과 형이상학에 관한 거의 모든 논의에 연결되어 있다는 점을 인정하면서, 일단 출발점으로서 '실재'에서부터 시작해 보자. 그 질문이 언어에 이르고 개념에 이르며, 인식과 존재의 의미에 이르고, 마지막에는 자아에 이르더라도, 일단 실재를 우리가 인식할 수 있는지부터 질문을 던져보자.

*
**

근대철학은 우리가 실재에 대한 참된 지식을 가질 수 있는지

하는 데카르트의 회의적 물음으로부터 시작되었다고 하며, 나중에는 임마누엘 칸트의 『순수이성비판』에 의해 이성이 실재를 파악할 능력이 없다는 주장으로 이어졌다.

그런데 실재에 대하여 말하려면 실재라는 개념 자체의 모호함부터 따져 볼 필요가 있다. 실재라는 말은 다양한 의미로 사용된다. 먼저 언어적인 측면에서는, 언어나 개념에 대응하여 인식주체 외부에 실제로 존재하는 외계外界나 사물이라는 뜻으로서, 우리가 사용하는 언어가 실제로 있는 세계, 즉 외부의 세계를 적절히 대응하여 잘 표현하고 있느냐 하는 의미로 사용된다. 우리가 언어와 개념으로 구성하여 받아들이는 세계에 앞서 자연적 세계로서 존재하는 선先 개념적 실재인 셈이다.

다른 의미로는 외관外觀이나 현상現象에 대립하는, 즉 우리 눈앞에 드러나거나 의식에 나타난 것에 대립하는 개념으로 사용되며, 이때의 실재는 대상의 본질이나 본체라는 뜻이 된다. 각자의 의식에 드러나는 현상은 개별적 인식주체에 따라 달라질 수 있지만 그러한 다양성과 착오에 앞서 변화 없이 바깥에 존재한다고 생각하는 일종의 실체로서의 실재인 셈이다. 우리가 눈, 코, 귀, 입, 피부와 같은 지각기관을 동원하여 파악하는 현상세계를 넘어 그 근거로서 존재한다고 생각하는 세계이지만, 따지자면 우리가 그 존재 여부를 분명하게 알지는 못해도 일단 존재한다

고 여기는 실재인 셈이다.[18]

이와는 달리 우리가 피안을 향하고 구원을 원하며 생각하는 실재는 우리가 현재 살아가는 세계가 아니라 우리의 영혼이 머물게 될 참된 세계라는 뜻으로 쓰이기도 하고, 또 비트겐슈타인이 말하는 사고의 중단으로 드러나는 신비스러운 사물들 역시 언어와 논리적 사고의 개입이 없는 근원적인 세계로서의 실재의 개념을 내포하고 있다고 할 수 있다.

물론 그 외에도 실재는 다양한 의미로 쓰일 수 있을 것인데, 근대철학이 논의한 실재는 인식주체 바깥에 인식과 상관없이 존재하는 외부의 세계를 말하기도 하고, 한편으로는 현상이 아닌 실체나 본질로서의 실재를 말하기도 한다. 어떻든 근대철학의 회의주의는 실재에 대한 우리 지식과 믿음의 정당성과 확실성을 문제 삼는다. 우리가 있는 그대로[19]의 실재를 인식하고 있는지 의심하는 것이며, 또 있는 그대로 인식하고 있다는 사실을 어떻

---

18) 언어에 대응하는 의미에서의 실재(인식주체 외부의 세계)는 이러한 본질을 따지는 차원에서는 현상에 해당하므로 실재가 아니라 할 수 있다. 즉 어느 관점에서는 실재인 것이 다른 관점에서는 현상으로 파악되는데, 실재에 관한 여러 철학적 논의과정에서는 엄밀하게 구분되지 않은 채 맥락에 따라 사용되는 것으로 보인다.

19) 물론 '있는 그대로'라는 말도 다양한 의미로 사용된다. '있는 그대로'는 착시와 같은 지각의 오류나, 편견과 같은 주관의 편향성을 벗어난 중립적인 시각을 의미하기도 하고, 언어나 개념의 적용이 없는 상태에서의 '있는 그대로', 즉 인간적인 관점을 벗어난 세계를 의미하기도 한다. 또 나중에 논의하듯 인식주관이 미칠 수 없는 '사물 자체'의 의미로 사용될 수도 있다. 어쨌든 우리는 별다른 구분 없이 맥락 내에서 두루뭉술하게 그 표현을 사용하고 있다.

게 알 수 있는지를 문제 삼는다.

실재에 관한 문제는 이처럼 실재가 있다고 해도 우리가 인식할 능력이 있는지에서부터 시작된다. 실재에 관한 질문을 하려면 그것을 파악할 능력이 먼저 전제되어야 하기 때문이다. 우리가 실재를 인식하고 이를 기초로 참된 지식을 쌓아 올릴 능력이 없다면 모든 대답은 모래성에 불과할 것이다.

러셀B. Russell은 "사유의 척도는 실재이며, 실재는 객관적으로 존재하며, 사유에 의해 창조되지도 않고 통제되지도 않는다."라고 한다. 당연한 말인 듯 보이지만 더 생각해 보면 사유의 척도로서의 실재를 누가 인식하여 기준으로 삼을 수 있는지 의문이 남는다. 또 아리스토텔레스는 "있는 것은 있다고 말하고, 없는 것은 없다고 말하는 것"이 참되게 말하는 것이라고 하지만, 우리가 있는 것을 그대로 인식할 수 없다면 있는 그대로라는 말은 얼마나 공허할 것인가. 우리가 인식주관을 넘어 저 객관적 세계를 있는 그대로 파악하는 방법이 있기는 할까?[20]

예를 들어 '내 앞에 책상이 있다.'라는 판단에 감각적 오류가 발생할 가능성은 없을까? 데카르트의 생각처럼 실제로는 아무것도 없는데 악령이 우리에게 착각을 불러일으키는 것은 아닐까? 내가 사실은 통 안에 들어있는 뇌에 불과한데도 과학자의

---

20) 러셀과 아리스토텔레스의 인용은 다음 책에서 재인용함. 로저 스크루틴, 『현대철학강의』, 주대중 옮김, 바다출판사, 2017, 156, 158쪽.

실험에 따른 전기적 자극을 마치 경험처럼 느끼는 것은 아닌지 하는 의심을 어떻게 깨뜨릴 수 있을까?

나는 내 앞에 책상이 있다는 사실에 대해 인식론적 회의를 가질 수 있다. 내 감각은 시공간 속에서 책상이라 불리는 사물의 존재를 지각하며, 그것은 책상이라는 내가 알고 있는 개념에 부합한다. 하지만 나는 내 감각 밖에 책상이 실제로 존재하는지 의심할 수 있고, 실제 존재한다 해도 책상을 있는 그대로 정확하게 받아들이고 있는지, 혹시 실재와 달리 엉뚱하게 받아들이거나 일부만을 제한적으로 받아들이고 있는 것이 아닌지 의심할 수 있다.

의심이 계속되다 보면 내 의식 바깥에 책상과 책상이 놓여 있는 진짜 바깥세상이 있는지, 혹시 책상과 바깥세상은 내 머릿속에서만 존재하는 것은 아닌지 하는 의심으로까지 이어질 수 있다. 또 우리가 아는 세계는 전부 가짜이고 참된 세계는 따로 있을지 모른다고 생각할 수도 있다.

*\
**

악령의 속임수와 같은 데카르트적 회의주의는 현대에 이르러서는 대부분 극복되었다고 평가된다.

예를 들어 하이데거는 『존재와 시간』에서 현존재[21]의 실존은 언제나 세계 내에서 다른 현존재들과 함께 이루어진다는 점을 설득력 있게 그려내고 있다. 세계가 전부 거대한 환영일 수도 있다는 데카르트의 가정은 세계의 존재와는 상관없이 나 자신이 혼자 생각하며 존재할 수 있음을 전제한다. 그러나 하이데거에 의하면 의미와 배려로 둘러싸인 세계 내에서 활동하는 존재자만이 비로소 생각과 감정을 가질 수 있다. 따라서 데카르트의 이원적인 세계관과 회의주의는 실존하는 주체로서의 인간에게는 설 자리가 없는 셈이다.[22] [23]

또 비트겐슈타인은 후기 철학[24]의 대표적 저작인 『철학적 탐

---

[21] 인간 자아에 대한 하이데거의 표현방식이다. 하이데거의 'Da-sein'은 우리나라에서 주로 '현존재'로 번역되고 있다.

[22] 마르틴 하이데거, 『존재와 시간』, 전양범 옮김, 동서문화사, 1992, 제2장~제4장.

[23] 마크 A. 래톨은 하이데거의 가장 혁신적이고 중요한 통찰 중의 하나가, 인간 실존이 언제나 어떤 세계 안에서 존재한다는 사실에 바탕을 두고 있다는 점이라고 강조한다. (마크 A. 래톨, 『How To Read 하이데거』, 권순홍 옮김, 웅진지식하우스, 2008, 22쪽 참조) 하이데거에 따르면, 현존재는 세계내존재이며 현존재의 세계는 공동세계로서, 내가 어떠한 방식으로 사물을 이해할 것인지를 혼자서 결정할 수 없고, 다른 인간과의 관계 여하에 상관없이 나만의 존재 방식을 창안할 수 없다. 우리가 접하거나 행하는 일의 의미가 무엇인지는 우리가 타인들과 공유하는 세계에서 거주한다는 사실에 의해서 상당한 정도로 결정되어 있으며, 우리가 이 세계에서 실존하는 방식은 늘 타인들에 의해서 구조화되어 있다. (래톨, 『How To Read 하이데거』, 2008, 98쪽 참조)

[24] 일반적으로 비트겐슈타인의 철학은 『논고』로 대표되는 전기 철학과 『철학적 탐구』로 대표되는 후기 철학으로 구분되어 받아들여지고 있다. 두 시기에 걸쳐 비트겐슈타인은 언어를 통한 사고의 구조와 한계를 파헤치고자 하였지만, 특히 후기 철학은 언어의 맥락 내에서의 실제 사용에 관한 측면과 언어가 공동체 내에서 사람들 사이의 규칙 지키기에 의하여 의미를 갖게 된다는 점을 강조한다.

구』에서 딱정벌레의 예를 들어 사적 언어私的 言語가 존재할 수 없음을 지적하고 있다. 사적 언어가 존재할 수 없다면 데카르트의 회의는 시작에서부터 삐걱거릴 수밖에 없게 된다.

내가 나 자신에 대해, 나는 "고통"이란 낱말이 무엇을 의미하는지를 오직 나 자신의 경우로부터 안다고 말한다면, 다른 사람들에 대해서도 역시 그렇게 말해야 하지 않는가? 그리고 나는 도대체 어떻게 해서 그 하나의 경우를 그처럼 무책임한 방식으로 일반화할 수 있는가?

자, 모든 사람이 자기 자신에 관해 나에게 말한다. 자기는 오직 자기 자신으로부터만 고통이 무엇인가를 안다고! 모든 사람이 각자 상자 하나씩을 가지고 있고, 그 속에는 우리가 "딱정벌레"라고 부르는 것이 들어 있다고 가정해 보자. 아무도 다른 사람의 상자 속을 들여다볼 수 없다. 그리고 모든 사람이 자기는 오직 자기의 딱정벌레를 봄으로써만 딱정벌레가 무엇인지를 안다고 말한다. 여기서 모든 사람은 자신의 상자 속에 다른 사물을 가지고 있을 수 있을 것이다. 그뿐 아니라, 우리는 그러한 사물이 계속해서 변한다고 상상할 수 있을 것이다. 그럼에도 불구하고 만일 이 사람들의 "딱정벌레"라는 낱말이 어떤 사용을 가진다면? 그렇다면 그것은 어떤 한 사물의 명칭으로서의 사용은 아닐 것이다. 상자 속의 사물은 그 언어 놀이에 전혀 속하지 않는다. 어떤 무엇으로서조차도 속하지 않는다. 왜냐하면, 그 상자는 비어 있을 수도 있기 때문이다. 아니, 상자 속의 이 사물에 의하여 '약분될' 수 있다.

> 그것이 무엇이건 간에, 그것은 상쇄되어 없어져 버린다. 즉, 감각 표현의 문법이 '대상과 명칭'의 틀에 따라 구성된다면, 그 대상은 무관한 것으로서 우리의 고찰로부터 떨어져 나간다. [25]

사적 언어라는 개념은 언어가 언어공동체의 활동과 실천이라는 필요조건 없이도 성립 가능하다는 것이며, 언어의 사용에 언어의 공개적인 채택과 사용에 관한 문법적 규칙이 필요하지 않다는 것을 의미한다. [26] 데카르트적 심신 이원론에 따르면, 신체적 현상들은 외부에서 접근할 수 있지만, 정신적 활동들은 오직 내부적인 관찰만 가능하다. 경험자 혼자만 사용하는 사적 언어는 경험자의 사적인 감각들을 언어적으로 지시할 수 있지만, 다른 사람들은 그 사적 언어를 이해할 수 없으므로, 경험자는 혼자만의 언어를 가지는 셈이다.

비트겐슈타인은, 사적 언어는 원리상 공개적일 수 없는 언어로서 그 규칙들이 다른 사람들에게 전달될 수 없을 뿐만 아니라, 이 언어를 사용하고 있는 본인조차 문법적 규칙을 확립할 수 없어 자신의 감정을 지시하는 데 실패한다고 하며, 나아가 다른 사람에 대한 의사소통 수단으로서도 가능하지 않다고 한다.

---

25) 루트비히 비트겐슈타인, 『철학적 탐구』, 이영철 옮김, 책세상, 2006, 293절, 182~183쪽.
26) M. K. 뮤니츠, 『현대분석철학』, 서광사, 1996, 551쪽 이하.

비트겐슈타인에 따르면, 내가 고통을 느낄 때 지금 느끼고 있는 이 감각을 아픔과 동일시하기 위해서 어떠한 기준도 필요하지 않다고 말하는 것은 오류이며, 언어가 없다면 나 자신에게도 내 감각에 대한 동일성의 기준이 없게 된다. 누군가 아픔이라는 단어를 자기 감각에 잘못 적용하는 실수를 한다면 그가 아픔이라는 단어를 이해하지 못했음을 보여주는 것뿐이다. 우리는 감각을 일인칭으로 사용하게 해줄 단어를 배우며, 그런 배움에 의한 감각의 지시, 즉 공적인 언어에 의한 지시가 없다면, 나는 지금 나의 이 감각이 지난번에 가졌던 그 감각과 같은 것임을 보장받지 못한다. 올바름의 기준이란 전혀 없으며, 자신의 용어를 사적인 감각과 내적으로 결부시킬 규칙 자체가 없다. 그렇기에 사적 언어란 불가능하다.[27]

그런 의미에서 데카르트 주의는, 정신적 경험을 기술하면서 사용된 언어가 하나의 사적 언어라고 주장하도록 유도하고 있는 한 심리철학으로서뿐만 아니라 언어철학으로서도 실패한다.[28] 데카르트의 악령은 우리가 언어를 사용한다는 사실에 의해 퇴치된다. 우리가 언어를 사용함이 참이라면 다른 사람들도 우리의 언어를 배우는 것이 가능하며, 이러한 공적 영역은 악령의 허

---

27) 스크루틴, 『현대철학강의』, 2017, 85쪽 이하.
28) 뮤니츠, 『현대분석철학』, 1996, 557쪽.

구가 아니라 근본적 실재이다.[29]

도널드 데이빗슨Donald Davidson 역시 나에 대한 지식과 세계 및 타인에 대한 지식이 언어와 의사소통이 없이는 존재할 수 없다는 점을 논증한다.[30] 데이빗슨에 따르면, 세 형태의 지식 중 어느 것도 다른 하나 또는 둘로 환원될 수 없으며, 세 종류의 지식 모두가 필수 불가결하다. 믿음은 지식의 조건인데, 믿음을 가지기 위해서는 참인 믿음과 거짓인 믿음 사이의 대조, 외형과 실재 사이의 대조, 보이는 것과 존재함 사이의 대조를 알아차리는 것이 요구된다. 지식을 가지기 위해서는 이미 참과 거짓의 개념, 즉 객관성이 필요하며, 지식에 대한 회의 역시 참·거짓의 개념이 필요하다. 세계에 대한 믿음을 가지는 자는 객관적 참의 개념, 그 사람이 무엇을 생각하는가와는 별도로 객관적으로 무엇이 성립하는가 하는 개념을 파악해야 한다. 그리고 객관적 참의 개념의 원천은 상호주체적 의사소통이다. 우리는 언어가 공유되지 않는다면 그 언어를 올바르게 사용함과 올바르지 않게 사용함 사이를 구별할 어떠한 방법도 없다.

이와 같은 철학적 주장들을 통해 근대철학이 제기하는 세계에 대한 회의는 언어와 사고의 구조를 이해하지 못한 데서 비롯된

---

29) 스크루턴, 『현대철학강의』, 2017, 91∼92쪽.
30) 도널드 데이빗슨, 『주관·상호주관·객관』, 김동현 번역, 느린생각, 2018, 392쪽 이하.

것으로 해명되었다고 해도 무방할 것이다. 외계_{外界}가 있는지, 사물이 있는 그대로 인식되고 있는지, 이 세계가 거짓된 세계는 아닌지 하는 의심들은, 일단 내가 어떤 사물과 세계의 존재를 내 인식과 사고 속에서 확보한 다음에 하는 질문들이다. 즉, 이런 회의적 질문들이 가능하기 위해서는 '나', '감각', '인식', '책상', '안과 밖', '참과 거짓' 등에 대한 언어적, 개념적 사고가 먼저 필요하다. 우리가 언어공동체에서 거주하는 존재가 아니라면 회의 자체가 불가능한 셈이다. 따라서 회의주의는 철학의 발전에 따라 지각과 인식의 확실성 문제에서 언어적 문제로 옮겨가게 되었다.

개념적, 언어적 사고 없이는 회의 자체가 성립할 수 없으며, 따라서 회의적인 사고는 우리의 인식체계와 언어적 사고체계 전체에 관한 질문으로 이어진다. 책상이 외계에 실제로 있느냐 하는 단순한 질문은 우리가 어떻게 그 의심을 가질 수 있느냐, 어떻게 그런 사고가 가능하냐의 문제로 이어지며, 또 회의적 사고의 구성요소인 참과 거짓, 정당성, 절대성이 무엇인지 하는 문제로 연결된다. 결국, 우리 세계 바깥에 다른 세계나 참된 세계가 있느냐 하는 실재에 관한 질문, 우리가 사물을 있는 그대로 받아들이고 있느냐 하는 회의적 질문은, 사고체계와 언어체계에 대한 포괄적인 질문을 담고 있게 된다.

**

현대에 이르러 언어적 문제가 전면에 등장하기에 앞서, 철학이나 형이상학이 실재를 밝힐 수 있는지에 관해 후대에 가장 큰 영향을 미친 근대철학자는 임마누엘 칸트라 할 수 있다. 칸트는 『순수이성비판』으로 실재를 파악하고자 하는 인간 이성의 한계를 통렬하게 지적했다.[31]

칸트에 따르면, 우리의 감성과 지성은 주어진 틀 안에서 세계가 드러나는 현상만을 파악할 수 있을 뿐, 세계의 본질적 모습인 실재, 물 자체物 自體를 알 수는 없다. 칸트는 『순수이성비판』에서 이성의 자기 한계를 규정하고자 하며, 경험적 인식을 가능하게 하는 인식의 체계를 밝히고자 시도한다.

이성은 선험적先驗的으로 미리 준비된 감성과 지성의 형식을 통해서 세계를 파악하며, 선험적 형식은 세계의 본질인 물 자체를 알 수는 없고 그 형식을 통해 우리에게 드러나는 현상만을 파악할 뿐이다. 본질은 지성과 감성의 형식으로는 알 수 없는 저 너머의 세계에 있으므로, 우리가 이성으로 세계를 전부 파악할 수 있다고 말하는 것은 지성과 감성의 형식을 모르는 무지에서 비롯된다.

감성적으로는, 우리가 사물을 지각하는 시공간은 감각 경험에 앞서 우리 주관에 미리 주어져 있는 선험적인 감성의 형식으로

---

31) 칸트의 비판 철학에 관한 기본적 설명은 다음 책을 참조함. 임마누엘 칸트, 『순수이성비판 1, 2』, 백종현 옮김, 아카넷, 2006.

서, 객관세계나 실재에 속한 것이 아니라 순전히 주관적인 것으로 미리 주어져 있으며, 우리의 주관을 벗어나면 그 자체로는 아무것도 아니다. 그런데 사물과 세계가 우리 인식에 드러나는 현상은, 시공간의 틀, 시공간의 질서 위에서만 있을 수 있으므로, 주관적이고 관념적인 현상이다. 우리가 알 수 없는 실재인 물 자체가 우리의 주관을 자극하여 촉발하면, 우리는 선험적으로 준비된 시공간의 형식에 의해 드러나는 현상만을 경험한다.

지성적으로는, 인식은 감각 경험의 재료를 지성적으로 정돈하는 주어진 틀에 의해 이루어지며, 그러한 인식과 사고의 형식이 이미 우리 지성에 준비되어 있다. 즉 우리 인식의 밑바탕에는 인식과 사고의 선험적인 틀이 미리 준비되어 있는데, 그것이 바로 양 하나 또는 여럿, 실질 실재성과 부정성, 제한성, 관계 실체와 원인, 상호작용, 양태 가능 또는 불가능, 현존 또는 부재, 필연 또는 우연 등과 같은 범주範疇들이다. 우리는 이러한 지성 개념으로서만 경험적으로 직관한 잡다한 표상들에 대해 인식을 형성하게 된다.

칸트의 이러한 사고는, 언어는 사유의 표현에 불과하고 사유는 실재의 구조를 반영한다고 보았던 아리스토텔레스 이래의 전통적인 사고인 실재→사유→언어라는 도식을 뒤집는 것이다. 저 너머에 있는 대상들, 본질의 세계에 있는 대상들인 물 자체[32]는

---

32) 칸트는 신, 영혼, 도덕과 자유를 물 자체의 세계에 귀속시킨다.

우리의 이성 너머에 있어 파악 불가능한 존재이다. 칸트가 구상한 선험적 관념론의 목표는, 경험과 지식의 전제조건으로서 우리에게 선험적인 지식과 감성의 형식이 필요하다는 점을 확실히 하고, 그 형식을 벗어나 있는 실재는 이성 자체의 한계 너머에 있으므로 이성으로는 파악할 수 없다는 월경금지越境禁止의 원칙을 확립하는 것이었다.

우리가 인식하는 세계인 현상은 선험적으로 주어져 있는 우리 주관의 형식에 의해서만 존재하므로, 대상이 인식을 가능하게 하는 것이 아니라 인식이 대상을 가능하게 하는 셈이다. 시공간은 본질의 세계인 물 자체의 형식이 아니며, 단지 우리가 가진 주관적인 직관의 형식으로서 선험적으로 주어진 것이다. 시공간은 실재에 속하지 않으며, 세계는 시공간이라는 우리 자신의 감성의 형식에 의해서 펼쳐진 것이므로, 세계라는 실체가 있는 게 아니다. 나아가 지성은 선험적으로 주어져 있는 지성의 형식을 통해서만 현상을 파악할 뿐 실재에 다가설 수 없다. 간단히 말해 경험은 실재가 아니라 현상의 경험에 불과하며, 우리는 경험 너머에 있는 실재를 경험할 수 없다.

『순수이성비판』에서 펼쳐진 칸트의 사고는, 당시의 신학자와 철학자들로부터 많은 비판을 받기도 했지만, 이후로는 우리 이성과 지식의 한계를 명확히 밝힌 코페르니쿠스적인 전환으로서 근대철학의 위대한 성과로 인정되었고, 현대에도 많은 철학자가 명시적으로든 묵시적으로든 칸트의 주장을 받아들이며 우리 이성과 지식의 한계를 논하고 있다.

*
* *

칸트의 생각을 비유적으로 표현해 보자.

> 철학은 새장 바깥으로 나갈 수 없는 작은 새다. 철학은 새장 안을 빙빙 돌며 새장 바깥에 나왔다고 착각하는 작은 새에 불과하다.

존재 이유나 삶의 근원적 의미에 관한 질문이 실재와 진리에 관해 묻는 것이라면 이는 칸트가 말하는 물 자체와 연결된다. 이 질문들은 절대적이고 객관적인 세계, 영원한 진리에 대한 불변의 답을 구하는 것으로서, 물 자체의 세계라 불리는 시공간을 벗어나 있는 초월적인 어떤 것을 탐색하는 것과 유사하기 때문이다. 이에 대한 칸트의 답은 우리는 알 수 없다는 것이며, 그 이유는 우리의 감성과 지성으로는 물 자체인 실재를 경험할 수 없기 때문이다.

**
**

칸트의 선험철학은 이후 많은 철학자에게 큰 영향을 끼쳤고, 비트겐슈타인이나 힐러리 퍼트넘Hillary Putnam과 같은 저명한 현대철학자들의 사유에서도 칸트의 영향이나 유사점을 쉽게 찾아볼 수 있다. 비트겐슈타인은 칸트와 유사하게 언어의 한계를 확정하고자 하였으며,[33] 내재적 실재론을 주장하는 퍼트넘은 세계가 인간의 정신 활동과 무관하게 존재한다는 형이상학적 실재론을 비판하면서 "형이상학적 실재론은 우리의 개념 체계에서 벗어난 실재를 상정하고 있다. 그러나 칸트의 철학이 우리에게 가르쳐준 교훈이 바로 그러한 실재를 우리는 알 수 없다는 것이다."[34]라고 말한다. 철학자들은 칸트의 철학적 공헌 이후로 우리의 주관이나 마음이 개입되지 않은 세계를 상상하기 어렵다고 한다.[35]

---

33) 데이비드 피어스(David Pears)는 비트겐슈타인의 철학을 칸트의 비판철학의 제2의 물결이라 표현하며, 특히 『논고』에 관하여, 칸트가 하려고 했던 일은 사고의 한계선을 확정하는 것이었는데, 비트겐슈타인은 언어의 한계를 확정하려 했으며, 그 부분이 칸트의 『순수이성비판』과 구체적으로 닮은 부분이라고 주장한다. (데이비드 피어스, 『비트겐슈타인』, 정영목 옮김, 시공사, 2000, 55, 56쪽 참조) 『논고』의 내용 중, 말할 수 없는 것에 관해서는 침묵해야 한다거나 논리는 경험에 선행한다는 생각들은 칸트의 선험철학과 매우 유사한 면이 있으며, 또 세계의 뜻은 세계 밖에 놓여 있다거나 윤리학이 선험적인 것으로서 언표될 수 없다는 주장 역시 칸트가 물자체의 세계를 현상의 세계에서 분리한 것과 유사하다 볼 수 있겠다.

34) 김영건, 「칸트의 선험철학과 퍼트넘의 내재적 실재론」, 한국 칸트 학회 논문집 칸트 연구 제19집, 2007년 6월, 157쪽에서 재인용.

35) 배식한, 『반실재론을 넘어서 (퍼트넘과 데이빗슨의 제3의 길)』, 서울대학교출판문화원,

이처럼 칸트가 주장한 물 자체로의 월경금지는 이후의 철학자들에게 너무나 큰 영향을 미쳐 철학 개론서에도 반박할 수 없는 사실처럼 등장할 정도가 되었다. 예를 들자면 현대철학 개론서인 로저 스크루턴_{Roger Scruton}의 『현대철학강의』는 다음과 같이 단호하게 말한다.

> 절대적 관점은 얻을 수 없다는 주장으로 칸트는 철학에 뚜렷한 공헌을 했다. 심지어 우리는 세계 그 자체에 관한 개념조차 가질 수 없다. 이것은 순수한 '이성의 이념' 즉 알 수 없는 우리 사유의 잉여 부산물이다. 세계는 우리의 세계이고, 비록 우리가 우리 자신의 관점 안에 둘러싸인 채 남더라도, 그 관점의 한계가 사유 자체의 한계이며, 그 결과 알 수 있는 세계의 진정한 한계다. 나머지에 대해선 침묵할 따름이다.[36]

그러나 한편 생각해 보면, 칸트는 『순수이성비판』에서 인간 이성이 자연 소질로서 이성의 원리들에 의해 도달할 수 없는 문제에까지 나아가는 성향이 있으므로, 이성의 오용_{誤用}인 그러한 형이상학적 사변 활동을 멈추게 하도록 비판 철학을 기획했다고

2007, 3쪽.
36] 스크루틴, 『현대철학강의』, 2017, 188쪽.

주장하였는데, 물 자체에 관한 절대적 관점을 얻을 수 없다는 칸트의 주장과 이를 이어받은 철학자들의 계속되는 논의를 보면, 칸트는 형이상학적 사유를 멈추게 한 것이 아니라 그 반대로 이전보다 더 추상적이고 형이상학적인 개념과 사유를 만들어 낸 게 아닌가 하는 생각이 든다.

칸트의 사물 자체의 개념은 등장 당시부터 상당한 비판을 받았다. 칸트의 주장에 따르면, 사물 자체는 시공간 속에 있지 않지만 그래도 존재하면서 우리에게 영향을 미치고 있는데, 그런데도 우리는 사물 자체를 전혀 알지 못한다. 하지만 우리가 사물 자체를 알 수 없는데 그것이 존재하는지는 어떻게 아는지부터 설명하기 어렵다는 문제가 생긴다. 또 시공간에 존재하지 않는 사물 자체가 어떻게 우리가 사는 세계인 시공간의 현상들에 영향을 미쳐 인과작용因果作用을 하는지도 설명하기 어려운 일이다.[37]

그러한 이론 자체 내의 모순을 해결하기 위하여 칸트를 따르는 많은 철학자가 여러 가지 해석을 시도하였지만, 사물 자체를 어떻게 해석하여야 하는지는 아직도 철학자마다 서로 다른 견해들이 대립하고 있다. 칸트의 말을 그대로 따라 사물 자체를 마

---

[37] 문성학, 『칸트철학과 물자체』, 울산대학교 출판부, 1995 참조. 문성학은 이 책에서 물 자체에 인과성(因果性)의 범주를 적용한 칸트의 모순에 대한 학자들의 다양한 해석 시도와 비판을 다루고 있다.

음속에 나타나는 표상表象과는 독립적으로 존재하면서 우리의 지각기관에 인과적으로 그 외관을 드러나게 하는 어떤 대상으로 해석하는 견해도 있고, 인식론적 해석을 시도하여 물 자체란 직관에 의한 시공간 상의 인식에서부터 추출되어 인식과 관련 없이 독립적으로 담론의 대상이 된 것을 말한다는 견해도 있으며, 형이상학적 해석을 추구하는 사람들은 사물 자체는 같은 대상이지만 외재적이 아니라 내재적이고 본질적인 어떤 속성을 말한다고 하기도 한다.[38][39]

말하자면 물 자체를 추론된 개념적 대상으로 보거나 대상의 내재적 속성을 표현한 것으로 보는 견해도 있고, 물 자체가 바로 사물의 본질로서 외부에 존재한다는 견해도 있는 셈이니, 물 자체의 존재나 내용에 관한 양립 불가능한 전혀 다른 해석들이

---

[38] 미국 스탠퍼드 대학교 인터넷 철학 백과사전 중
Stang, Nicholas F., 「Kant's Transcendental Idealism」, The Stanford Encyclopedia of Philosophy (Spring 2021 Edition), Edward N. Zalta (ed.), URL= https://plato.stanford.edu/archives/spr2021/entries/kant-transcendental-idealism/ 참조.

[39] 문성학은 칸트가 물 자체로 의미하는 바가 세 가지라고 한다. 첫째 선인식론적 존재, 둘째 현상의 원형으로서 인식 초월적 존재, 셋째 인식 총체적 존재이다.(문성학, 『칸트철학과 물자체』, 1995, 44쪽 참조) 하지만 그 세 가지의 의미는 전혀 다른 의미들이므로 물 자체의 개념에서부터 심각한 혼란이 있음을 알 수 있다.
문성학은 물 자체가 있다고 할 수도 없고 반대로 없다고 할 수도 없는 그런 모순을 극복하기 위하여 칸트의 근본적인 이분법적인 가정을 버리고 칸트철학의 형식 논리적인 정합성을 포기할 것을 제시한다. 물 자체의 영역은 절대적인 것이 아니라 현상과 상호 역동적인 관계로 보아 현상이 점차 물 자체의 영역으로 확대될 수 있음을 인정해야 한다고 말한다.(문성학, 『칸트철학과 물자체』, 1995, 157쪽 이하 참조) 하지만 이와 같은 견해는 칸트 자신이 명확하게 선언한 월경금지의 원칙을 버리는 것으로서 인식의 한계를 분명히 긋고자 한 칸트의 기본적인 생각과도 어긋나 보인다.

있는 셈이다. 이처럼 칸트의 물 자체에 관한 주장은 형이상학적 우문(愚問)들을 제거하기 위하여 기획하였다는 비판 철학의 목적과 달리, 물 자체가 무엇인지, 물 자체를 알 수 있는지에 대한 더 아리송한 형이상학적 사유를 탄생시킨 셈이다.

*
**

물 자체가 무엇인지에 관하여 이렇듯 철학자들 사이에 전혀 다른 견해들이 있는 것은 제쳐두더라도, 우리가 사물 자체를 전혀 알 수 없다는 주장에는 보통 사람들의 눈에는 매우 받아들이기 어려운 측면이 있다. 우리가 세계를 살아간다는 아주 간단한 사실과 배치되기 때문이다.

우리는 세계에 대해서 다 알지는 못해도 세계 내에서 생활하고 있다는 사실만으로도 세계를 어느 정도 알고 있다. 우리가 생존하는 삶의 장소인 세계를 — 물 자체이든 다른 무엇으로 불리든 — 전혀 파악하지 못한다는 것은 사실 영화나 상상 속에서나 있을 법한 일이다. 살면서 하는 질문들은 모두 삶 속에서 길어 올린 질문이므로, 우리의 삶 자체를 참된 삶이 아니라고 극단적으로 생각하지 않는 한, 실재를 전혀 알 수 없다는 주장은 우리 삶과는 양립할 수 없는 주장처럼 들린다.

인식이나 지식은 대상에 관한 것이므로 인식이나 지식이 대상

자체가 될 수는 없음은 당연하다 할 수 있다. 우리가 환경을 아무리 잘 알아도 환경에 대한 지식이지 우리 스스로 환경이 되는 것은 아니다. 우리는 언어와 개념을 이용하여 세계를 이해하므로, 언어와 개념이 없는 다른 주체들이 인식하는 세계의 모습을 알 수 없다거나 그 모습이 우리의 세계와 다르다고 할 수는 있다. 하지만 거기에서 더 나아가 우리는 실재를 전혀 알 수 없다고 하면 실재를 안다고 함이 무슨 뜻인지 거듭 묻지 않을 수 없게 한다.

어떻게 알아야 실재를 아는 것일까? 우리가 대상으로서의 실재가 되지 않는 한 — 당연히 우리 자신도 실재이겠지만 그렇지 않다는 가정하에 — 우리는 사물의 외관이나 성질의 파악을 통해 실재를 알아갈 것이다. 실재와 일체가 되어야만 실재를 아는 것이라 말하지 않는다면 외관을 아는 것도 실재에 대한 앎이며, 실재 일부를 아는 것도 실재에 대한 앎이다. 그런 지식을 토대로 한 삶이 허위의 삶이 아니라면 우리는 실재를 알고 있다. 만일 우리의 삶이 전적으로 허위라 한다면 삶에서 비롯된 모든 사유와 주장 — 실재가 따로 있다는 바로 그 주장을 포함하여 — 은 정당성을 확보할 수 없을 것이다.

참된 세계를 논함에 있어 참과 본질의 문제는 우리의 삶으로부터 제기되는 문제들이다. 참과 거짓, 옳음과 그름의 문제는 절대적인 세계에서가 아니라 우리 공동체의 생활에서 빚어진다. 그런데 물 자체의 사상은 그 참됨의 문제 중 하나인 실재의 문제를 아예 논의하지도 못하도록 우리 삶 바깥으로 내쳐버린다.

인식과 지식은 주체가 인식이나 지식 형성의 행위를 통해 대상을 파악하는 것이다. 앎은 행위이거나 행위의 결과이므로 반드시 주체가 필요하며 대상과의 관계에서 형성된다. 인식이나 지식이란 말 자체가 그러한 뜻을 내포하고 있다. 즉, 인식이란 '누군가'가 '무엇'을 인식한다는 것을 뜻하며, 지식이란 우리가 대상에 대하여 합당한 믿음을 갖는 것을 말한다. 누군가가 인식하거나 지식을 쌓는다는 것은 주체에 따라 내용이 달라질 수 있음을 의미한다. 다시 말해 지식은 인간이라는 주체가 형성하는 것이다. 그러니 당연하게도 우리는 지식의 주체인 우리를 넘어서는 지식을 가질 수는 없다.

인식이나 지식이 주체와 대상과의 관계에서 형성된다는 것은 주체의 관점이 인식이나 지식을 형성하는 데 필수적이라는 뜻이 된다. 주체란 대상과의 관계에서 자기만의 필요에 의한 관점을 가진 주체를 말하므로, 관점이 없는 인식이나 지식은 형성될 수 없다. 칸트가 『순수이성비판』에서 인식의 감성적 지성적 형식을 말한 것 역시 우리 인간 주체의 관점, 우리의 인식의 형식을 밝히고자 한 것이었다. 즉 인식과 지식의 형성에 주체가 필요하다 함은 주체의 관점이 필요하다는 말이며, 그 관점은 인식과 지식의 형식으로 드러난다.

관점 없이는 앎이 없게 되므로 관점을 배제한 앎이란 있을 수 없으며, 그런 말은 형용모순이다. 즉 주체와 관점을 지워버린 앎, 말하자면 절대적 앎이라는 것은, 주체를 전제해야만 인식과 지식이 형성됨에도 주체를 제거해버린 앎을 상상하는 셈이므로 형용모순이다. 절대적 관점 역시 양립할 수 없는 개념들이 조합된 말이다. 흔히 말하는 '사물을 있는 그대로 본다'라는 말도 같은 모순을 담고 있다. 그것은 인식의 본질에 반한다. 본다는 것은 관점을 전제하므로 있는 그대로라는 뜻과 개념적으로 모순된다.

그렇다면 '앎은 형식에 의한 것이므로, 그 형식 바깥에 있는 사물을 알 수 없기에 한계가 있다'라는 말은 앞뒤가 전도된 주장이다. 앎은 관점에 의한다는 전제에 반하는, 즉 앎 자체의 본질에 반하는 주장이기 때문이다. 앎 자체의 특성상 앎은 관점과 형식을 통해야 한다. 앎은 대상과의 관계이지 대상 자체가 될 수는 없다. 그리고 그 관계는 관점에 의한 인식을 통해서 이루어진다.

예를 들어 우리가 축구를 '공을 발로 차는 스포츠'로 규정해 놓고 나서 축구는 발로 공을 차야만 하는 운동이므로 한계가 있다고 말한다면 어떨까? 그것은 축구의 본질을 부정하는 주장이다. 마찬가지로 형식을 통한 앎은 앎의 한계가 아니라 앎의 본질이다. 그러므로 앎은 형식에 의한 것이어서 그 형식 바깥에 있는 사물을 알 수 없기에 한계가 있다는 주장은 앎의 본질이나 대상과의 관계 자체를 부정하는 주장이 될 뿐이다.

앎에는 형식이 필요한가, 앎의 형식을 넘어 앎이 가능한가 하는 질문은, 경험에 경험자의 주관이 필요하냐, 경험하는 사람의 주관에 내재한 선험적 형식이 필요하냐 하는 질문과 같다. 경험이 경험할 수 있는 능력이나 형식을 먼저 필요로 한다면, 경험에는 반드시 경험을 가능하게 하는 경험 주체와 경험의 형식이 필요하다면, 앎의 형식을 넘는 앎이라는 말은 성립할 수 없다. 물론 이것 역시 칸트 선험철학의 가르침이다. 그런데도 한편으로는 앎의 형식이 필요 없는 절대적 관점이 있다는 말인가.

만일 형식이 필요 없는 인식이나 지식이 있다면, 그것은 어떤 앎일까? 예를 들어 지각기관에 의한 인식을 보자면, 사물을 감각적으로 인식하는 데는 시각, 청각, 후각, 미각, 촉각 등 여러 감각 형태를 통한 인식이 필요하다. 그런데 그런 형식이 필요 없다고 한다면, 대상을 무형식으로, 형식을 넘어, 달리 표현하자면 형식의 제약 없이 절대적으로 아는 것이다. 그러한 인식이 가능할까?

축구, 배구, 야구와 같은 스포츠는 경기하는 방식, 점수를 인정하는 방식이 미리 규정되어 있다. 형식 자체가 스포츠를 가능하게 하므로, 형식 없이 모든 것을 아우르는 스포츠는 스포츠로 존립할 수 없다. 예를 들어, 스코어링의 방식에 정해진 형식이 없어 모든 형태로 점수를 낼 수 있다면, 공을 발로 차든, 손으로 던지든, 방망이를 사용하든, 펜싱 칼로 찌르든 점수를 낼 수 있게 되므로, 사실상 점수를 따더라도 점수가 없는 것과 마찬가지이다. 형식이 없는 스포츠가 존재한다면, 몸짓만으로도, 또는 가만히 서 있거나 누워있는 것만으로도 점수를 내게 되므로, 득점이 사라지고 승패가 사라지고 스포츠 자체가 사라진다.

마찬가지로 시각, 청각, 후각이 뒤섞인 감각을 생각할 수는 없으며, 이진법과 오진법, 십진법 등 모든 진법이 뒤섞인 체계도 생각할 수 없다. 또 모든 형태가 다 가능한 형태는 이미 형태가 아니다. 삼각형, 사각형, 오각형 등 일정 형태를 가려내는 일은 가능하지만 모든 형태를 아우르는 형태는 형태가 사라진다는 말과 다름이 없다.

즉, 형식이 불필요한 앎이란, 앎과 알지 못함의 구별이 사라진 앎이며, 인식과 불^주 인식의 경계가 무너짐을 의미한다. 다시 말해 앎이라 말할 수 없는 것이다. 그렇다고 해서 알지 못함도 아니다. 어떤 앎도 다른 형식에서는 알지 못함이고, 어떤 알지 못함도 다른 형식을 통해서는 앎이 될 수 있으므로, 형식이 없으면 앎과 알지 못함의 경계는 사라진다. 시각을 통해 기차를 보는 것은 청각적으로는 기차 소리를 듣지 못한 것이므로 기차를 알지 못하는 것이며, 그 반대도 마찬가지이다. 형식이 사라지면 지와 부지, 인식과 불인식의 경계가 무너질 뿐이다. 앎은 특정한 형식 내에 포섭되는 것을 전제로 한다.

나아가 앎은 대상에 관한 것이지 대상 '자체'에 관한 것이 아니다. 앎은 앎의 대상을 객체로 한다. 인식은 인식주체가 인식 대상을 인식하는 과정이다. 우리는 어떤 사물에 대해서 알게 되는 것이지 그 사물 자체에 대해 알게 되는 것이 아니다. 굳이 '자체'라는 말을 쓰자면 우리는 사물 자체를 안다.

사물은 곧 사물 자체이다. 우리가 사물과 사물 자체를 분리한다면 '자체'라는 말은 대상이 아니라 개념적 지식일 뿐이다.[40] 즉 '자체'는 대상으로부터 우리가 지적인 노력으로 추출한 개념으로서 이미 앎이며, 그렇기에 우리의 언어적, 개념적 세계구성의 관점이 그대로 적용되어 있다.[41] 물 자체가 지식의 영역이 아니라는 말은 그 점에서 논리가 전도된 것이다. 물 자체는 우리가 지식 활동으로 추상적으로 뽑아낸 것이므로, 외적 대상으로서는 아니지만, 추상적 지식의 영역에서는 이미 치열하게 논해지고 있는 지식의 대상이다.

우리는 알고자 하는 노력을 거쳐 사물에 대해 알게 되지만, 우리 자신이 대상으로서의 사물이 아니므로 사물에 대해 완벽

---

40) 물론 사물 자체 아닌 사물도 우리의 필요나 관점에 의하여 개별적 대상으로 특정되고 구성된 것으로서 이미 지식의 산물이지만, 일단 사물이 앎의 대상으로서 미리 존재한다고 전제하자. 언어와 존재의 관계는 2장 중 "존재가 낳은 무, 무에서 태어난 존재" 부분 참조.

41) 언어는 유동적이고 공시적인 체계라는 생각(소쉬르의 사고)과 언어공동체의 규칙에 따른 사용에 존재를 의존하고 있다는 생각(후기 비트겐슈타인의 사고)을 받아들인다면, 언어의 본질에 의하여 언어표현의 절대성은 확보되지 못한다. 다시 말해 '자체'라는 말로 절대적 지위를 부여하고자 하는 시도는 언어 자체의 특성에 반하는 것이다.

히[42] 알 수는 없다. 하지만 우리가 대상을 속속들이 알든 알지 못하든 앎의 대상은 사물이지 사물 자체라는 개념은 아니다. 물론 우리가 사물 자체라는 개념을 만든 다음에 그에 대한 지식을 쌓아가는 것은 별개의 문제라고 하더라도 말이다.

사물 자체는 추상적인 개념일 뿐이지만, 그래도 논의의 편의상 그렇지 않다고 가정하면, 사물 자체는 순 개념적 세계를 넘어 외계에 존재하는 대상이 된다. 그렇게 사물 자체가 존재한다면 사물 자체를 안다고 함은 무슨 뜻이 될까? 대답이 어려운 질문이라면 질문을 바꿔 이렇게 물어보자. 우리가 사물 자체를 알수 없다면 사물 자신은 사물 자체를 알 수 있을까?

사물 자신도 사물 자체를 알 수는 없다. 사물 자신도 사물 자신을 바라보는 특정한 관점이 필요하기 때문이다. 그리고 관점은 언제나 주관적 관점이므로 주체의 관점을 벗어나 존재한다고 상상되는 사물 자체를 알지 못하게 된다. 다시 말해 사물 자신은 사물 자체가 될 수는 있지만, 사물 자체를 알지는 못하게 된다.

신의 관점과 같은 무한한 관점을 가지면 사물 자체를 알 수 있다고 생각해 보자. 하지만 무한한 관점을 가져도 사물 자체를 알 수는 없다. 무한한 관점으로 바라보는 것은 사물이지 사물 자체가 아니다. 사물 자체는 관점을 넘어서 절대적으로 있는

---

42) 완벽한 앎이나 절대적 앎이라는 말 자체가 앞서 보았듯이 형용모순이지만, 사물 자체의 의미를 논하기 위해 여기서는 일단 무시해 보기로 하자.

것이므로, 무한한 관점으로 바라봐야 하는 대상은 사물 자체가 아니라 사물이다.

또 합산한다는 생각을 받아들여 모든 관점을 무한히 합산한 관점으로 바라보아야만 사물 자체를 알게 된다고 가정하면, 사물 자체는 관점을 통해 알게 된 지식의 합산이 되고, 우리 관점으로 사물 자체의 일부라도 알 수 있다는 점을 부인할 수 없게 한다. 그러니 사물 자체를 아예 알 수 없다는 생각은 성립조차 할 수 없다. 물론 무한한 관점 자체가 절대성을 원하는 우리의 상상이다.

그렇기에 물 자체를 알 수 없으므로 우리의 지식에는 한계가 있다는 주장은 참으로 이상한 주장이 아닐 수 없다. 지식에 한계가 없다는 뜻이 아니라 물 자체를 알 수 없으므로 한계가 있다는 주장에 너무 많은 모순이 담겨 있다는 뜻이다. 지식에는 물론 한계가 있다. 우리는 세계와 우리 자신에 대해 시간이나 수단의 한계 때문에 늘 지적인 한계에 부딪힌다. 그러나 물 자체를 알 수 없다는 한계는 존재하지 않는다. 알 수 없다고 미리 전제된 것을 알지 못함은 앎의 한계가 아니다. 우리가 다른 관점을 가지고 있지 않으므로 그 관점에 의한 지식을 쌓을 수 없음은 당연하지만, 물 자체는 관점을 넘어 지식의 영역이 아닌 대상을 가정하고 있다.[43]

---

43) 이 점에서 물 자체의 인정이 인간이 마땅히 지녀야 할 겸손의 태도인 것처럼 생각할 필요는 없다. 우리는 앎의 형식 내에 있는 대상들에 대해서도 알지 못하는 것이 많으므

물 자체의 사상은 우리 지식 너머의 것을 본질이나 사물 자체라고 가정한다.[44] 하지만 본질은 인식과 지식의 범위 내에서 형성되므로 우리는 물 자체를 안다고 해야 한다. 물 자체의 사상은 인식주관이 포착할 수 없는 대상을 상상하는데, 그것은 대상이 아니며, 대상 아닌 대상으로서 가공의 대상이다. 다시 말해, 물 자체의 사상은 우리가 대상 아닌 대상을 알지 못한다는 허무한 주장을 하는 셈이다.

더 나아가 사물 자체라는 생각은, 알 수 없는 사물 자체라는 것이 '존재'한다는 생각을 전제로 하고 있다. 그런데 알 수 없는 것이 어떻게 존재하는가? 그것은 무엇이기에 존재하는가? 그 알 수 없는 것이 물 자체라는 이름을 가진 본질이라는 생각은 우리의 사고로 유추한 것에 불과하다. 인식 너머 알 수 없는 것은 그

로, 굳이 물 자체를 인정하지 않더라도 충분히 겸손할 수 있다.

물론 세계에 대해 우리가 다 알지 못한다고 함은 겸손과 오만의 문제라기보다는 잘못된 이해의 문제라 할 수 있다. 엄밀히 따지면 세계와 지식은 비교 대상조차 아니다. '세계'와 '세계를 파악하는 방법이나 파악한 내용'과의 비교는 사물과 관점의 비교로서 어떠한 관점도 사물이 될 수는 없다는 점에서 비교 대상이 아니다. 관점과 관점 사이의 비교여야 정당한 비교라 할 수 있다. 다시 말해 어느 지식도 지식(관점)의 본질상 세계를 다 담을 수는 없다. 또 우리는 공동체 생활을 통하여 이전에 없던 수많은 새로운 개념을 만들어냈고 ― 민주주의, 공분(公憤), 실존주의, 자아와 같은 것들 ― 그런 개념들에 대한 추가적인 지식도 계속 쌓아가고 있는데, 새로운 대상이 계속 생겨난다는 그 점에서도 지식이 세계를 다 담을 수 없다는 사실은 명백해 보인다. 어떻든 물 자체가 아니더라도 우리는 아직 알지 못하는 게 많다고 겸손한 태도로 말할 수 있다.

44) 칸트는 물 자체를 신의 피조물로서의 원형이라는 뜻으로 말하기도 하였다고 하며, 플라톤의 이데아 사상과의 관련성을 인정하기도 했다고 한다. (문성학, 『칸트철학과 물자체』, 1995, 69쪽 이하 참조)

것이 사물인지조차도 알 수 없으며, 그 무의미한 알 수 없는 것, 또는 알 수 없음[45]은 굳이 우리가 가진 존재의 개념으로 끌어들인다면 존재한다기보다는 존재하지 않는다고 해야 옳다.[46]

결국, 물 자체는 주체와 관점과 필요는 물론이고 인식과 지식 자체도 제거한 말이다. 따지자면 우리 자신을 전부 제거해버린 생각인 것만 같다. 그렇기에 니체나 헤겔이 이미 오래전에 무의미한 형이상학적 이념에 불과하다고 지적한 것이다. 그런데도 우리는 그것이 존재하는 것처럼 물 자체에 대한 인식과 지식을 논한다. 도대체 왜 우리는 유령처럼 정체를 알 수 없는 이런 사고에 빠져들게 될까?

사물이 있다고 하면 되는데 왜 사물 자체가 있다고 말하는가? 그것은 우리가 절대적 동일성을 원하기 때문이다. 우리는 의미의 흔들림이 없는 절대적 확실성을 원한다. 또 앞서 보았듯이 사물 자체를 알 수 없다고 말함으로써 우리는 지식에 대하여 겸손의 미덕을 가진다고 생각하기도 한다. 그것 역시 절대성에 대해 우러러봄이다. 우리는 대자연과 우주 앞에서, 그리고 절대성 앞에서 겸손해야 한다고 생각하기 때문이다. 하지만 우리가 다루는 의미와 개념들은 모두 우리 세계에서 추출한, 말하자면 현

---

45) 대상이 아니므로 '것'이라는 표현도 부적절해 보인다.
46) 존재의 의미에 관한 상세는 2장 중 "존재가 낳은 무, 무에서 태어난 존재" 부분 참조.

상에서 오는 것이다. 따라서 우리가 이 세계를 참이 아니라고 본다면 그러한 관점 자체도 허위의 세계에서 비롯된 것이어서 참이 될 수 없다. 마치 거짓말쟁이의 역설처럼 말이다.

물 자체를 알 수 없다고 말함으로써 우리는 언어와 의미공동체가 낳은 절대성의 추구라는 본질적인 문제를 쉽게 해결하고자 한다. 일종의 회피라 할 수 있는 그러한 사고가 절대성을 품고자 하는 마음에 가상의 심오함을 안겨준다. 우리 스스로 우리는 실체가 아니라는 주장에 더 끌리는 이유가 바로 그것이다. 우리는 우리가 가진 의미를 넘어서고자 하며, 의미 너머, 언어 너머의 개념으로서 물 자체와 같은 절대성을 창안해냄으로써 심오함에 대한 욕구의 충족을 얻는다.

*
* *

앎의 형식에 관한 통찰에 있어서 칸트의 위대함은 더 말할 필요도 없겠지만, 칸트가 무언중에 전제했을지도 모를, 또는 그 해석자들이 전제한, 관점을 배제한 앎이나 절대적 관점의 존재 가능성은 이처럼 여러 가지 생각할 거리를 남긴다.

생각해 보면 우리가 주관적 인식형식의 한계로 인해 절대적 관점을 확보할 수 없다는 주장은, 절대적 관점으로서의 신적 관점이 존재 가능함을 전제하고 있다. 그 점에서 물 자체의 사상은 신의 존재에 관한 주장이 인식론적으로 등장한 것이지만, 인간의 이성이 영원히 물 자체에 접근할 수 없다고 주장하는 점에서는 신과의 교통을 중시하는 종교적 주장보다 더 강력한 주장인 셈이다. 또 물 자체를 향한 형이상학적 욕구에 대한 비판은 실재에 관해 침묵을 요구하는 주장이라 할 수 있는데, 정치체제로 따지면 권위주의 체제에서 가능한 주장이 철학에서 통용되는 셈이다. 더구나 논의하지 말자는 주장이 철학적으로 더 심오하게 느껴지는 풍토는 참으로 이상하기까지 하다.

철학이 물 자체나 존재의 본질을 밝힐 수 없다는 주장은, 비유적으로 말해 철학이 새장 바깥으로 나갈 수 없다는 생각은, 실제로는 앞뒤가 뒤바뀐 생각일지도 모른다. 새장이 있고 우리가 새장 안에 갇혀 있다는 생각은 새장 바깥에 대해 알 수 있을 때 가질 수 있다. 새장 바깥의 시각으로 바라볼 때 비로소 우리는 우리가 새장 안에 갇혀 있음을 알게 된다. 새장 바깥을 알지 못하면 새장이 있는지조차 알 수 없으므로, 새장이 존재하려면 새장 안의 새가 새장 바깥의 시각을 가진 것처럼 새장을 그려낼 때만 가능하다.

물 자체의 세계는 우리가 새장을 만들고 그 새장 안에서 새장 바깥의 시각을 가지고 바라보아야만 존재한다. 칸트에 따르면 우리는 물 자체를 알 수 없으므로 새장 바깥에서의 시각은 가지고 있지 않다. 그러므로 물 자체의 존재를 말하려면 우리가 알고 있는 내용을 투사하여 새장 바깥에 존재할 것 같은 초월적 시각을 만들어내야만 한다. 즉, 그런 시각은 새장 안으로부터 투영된 것이다. 그렇게 형성된 초월적 시각으로 볼 때야 비로소 우리는 물 자체를 알 수 없다는 결론에 이르게 된다. 물 자체가 있는데 알 수 없어서가 아니라, 알 수 없는 것으로서 물 자체를 미리 가정해야만 한다는 뜻이다. 우리는 우리의 감성과 지성의 연장선에서 물 자체의 세계라는 개념을 만들어낸 것이다.

인식할 수 없다고 규정된 것은 인식할 수 없음이 당연하다. 그러나 세계의 본질을 인식할 수 없다는 것은 문제다. 우리는 세계를 인식하는데, 왜 본질을 인식하지 못한다고 하는가. 인식이 미치지 못한 부분을 어떻게 미리 알고서, 그것이 세계의 본질이며 사물의 본질이라 주장하는가. 인식은 대상 자체가 아니라는 점에서, 말하자면 한계를 지닌다. 인식은 우리 주관에 의한 활동이기 때문이다. 물 자체에 대해서 굳이 말해야 한다면, 우리는 물 자체를 알 수 없다고 할 게 아니라, 우리는 물 자체가 아니라거나 대상 자체가 아니라고 말해야 옳을 것이다. 물론 인식은 인식의 대상과는 별개이므로 당연한 말이기도 하다.

앎은 언제나 알지 못함을 낳는다. 앎 자체의 속성이다. 그것을 우리는 앎의 한계라 표현한다. 우리는 지식이 있기에 무지하며, 우리가 무지함을 안다. 숲에 들어가면 이름도 모르는 나무들이 있다. 우리는 나무에 관한 무지를 경험한다. 하지만 그 무지는 다른 나무들을 알고 있음에서 비롯된다. 우리는 소나무를 알고 참나무를 알지만, 때죽나무는 알지 못한다. 그리하여 지식의 한계를 절감한다. 하지만 때죽나무를 모른다는 사실은 소나무와 참나무를 안다는 사실에서 비롯되었으며, 때죽나무가 소나무와 참나무와는 다른 나무라는 사실을 아는 데서 비롯되었다.

무지는 앎의 창작물이다. 앎이 사라질 때 알지 못함도 사라진다. 그런데도 물 자체의 사상은 앎의 속성을 과장하여 인식과 지식의 절대적 한계를 말한다. 하지만 알지 못하는 부분이 있다 해서 본질을 알지 못한다는 주장으로 비약될 수 있는 것은 아니다. 앎은 언제나 알지 못하는 부분을 만들어낸다. 우리는 인식의 차이나 지식의 부족함을 과장하여 앎의 절대적 한계라는 개념을 만들어 낼 수 있지만, 그 알지 못함은 바로 앎이 만들어낸 것이다.

무지無知는 지知의 창작물이다.

* *
*

다시 한번 작은 새를 들어 비유적으로 표현해 보자.

> 작은 새는 새장을 만들어 자신을 새장에 가둔다. 새장이 있기에 작은 새는 새장 바깥을 향한 철학의 날갯짓을 시작한다.

이런 생각은 '새장은 주어져 있다.'나 '새가 없어도 새장은 존재한다.'라는 일반의 생각과는 대립할 것이다. 새가 없어도 새장이 존재해야 함이 보통 사람들의 생각이기에 말이다. 본질은 인식에 앞서 존재하는 것처럼 보인다. 하지만 그것이 세계의 본질이 아니라 우리의 사고체계와 사고방식의 본질이라면 생각은 바뀔 수 있다. 물 자체의 세계는 본질 일반에 대한 우리의 지식과 개념이 만들어내는 세계이며, 우리는 세계를 외관이나 현상으로 규정함으로써 물 자체를 세계의 본질로 규정한다.

우리가 지식에 앞서 무지에 노출되어 있다는 생각, 지식의 한계가 세계의 본질을 알 수 없게 한다는 생각은 당연해 보이지만, 실제로는 그 반대로 무지는 지식에 의해서 생성되는 것이다. 지식은 언제나 알지 못하는 부분을 낳으며, 앎은 항상 절대적 지식을 선망하게 된다. 앎 자체는 반드시 무지와 맞닥뜨리며 또 다른 앎과의 갈등에서 모순을 찾아낸다. 그것은 앎 자체의 숙명이다. 앎은 반드시 앎의 반대편이나 건너편을 가지게 된다. 앎은 무지를 만들어 스스로 부족함에 빠지게 되며, 항상 새로운 앎에 대한 욕망을 끌어낸다. 우리는 더 많은 앎에 대한 필요를 느낀다. 우리는 인식주체이며 늘 필요를 느끼므로 모든 앎은 제한적이다. 그리하여 우리는 우리의 필요를 투사해서 절대적 앎을 상상하게 된다. 그것은 욕망과 필요에 의한 절대성, 즉 상대적인 절대성이다.

질문과 대답은 그 자체가 앎이며 또 앎에서 우러나온다. 모든 질문은 우리의 사고 속에서 생겨나고 답을 얻는다. 우리가 모르는 모든 것은 우리의 지식에서 비롯되며, 우리가 말하지 말아야 하는 모든 것은 우리가 말하는 것에서 비롯한다. 칸트는 인식의 과정을 탐구한 끝에 물 자체에 이르렀고, 물 자체에 이른 후에는 그것에 관하여 묻지 말라고 하지만, 우리는 계속 묻는다. 나아가 질문은 물 자체나 본질에 이르기를 멈추지 않는다. 앎은 언제나 부족한 부분을 찾아내며 절대적 관점을 추구하기 때문이다. 우리의 지식은 끝이 열려 있는 셈이다.

다시 비유하자면, 안다는 것은 트램펄린에서 흔들리며 살아감을 의미한다. 트램펄린 바깥에서는 인간적 앎이 존재할 수 없고, 트램펄린 위에서는 절대적 앎이 존재할 수 없다.

트램펄린 위에서 우리는 흔들린다. 우리는 의미체계와 공동체 속에서 흔들린다. 트램펄린 위의 삶은 늘 흔들리고 있기에 우리는 절대적 관점을 상상하고 선망하며, 때로는 높이 뛰어올라 물 자체와 같은 절대적 관점을 가정한 것만으로 충분한 만족감을 얻기도 한다. 하지만 더 높이 뛰어오른다고 해서 추락하지 않는 것은 아니다. 더 나은 앎, 더 확고한 앎을 향해 트램펄린 중심으로 다가가면 갈수록, 도약은 더욱 크되, 더 깊은 추락, 더 심오한 무지를 만나게 된다.

진리를 언어로
표현할 수 있을까?

날갯짓을 그쳐야 열리는 새장 안에서
철학은 끝없는 날갯짓으로 새장 문을 두드린다.
철학은 날갯짓으로 새장 문을 열 수 있다고 착각하는 작은 새다.

실로 언표할 수 없는 것이 있다. 이것은 드러난다. 그것이 신비스러운 것이다. [47]

말할 수 없는 것에 관해서는 침묵해야 한다 [48]

비트겐슈타인은 삶의 의미나 가치, 신(神), 세계가 존재한다는 사실, 진정한 자아 등을 이렇듯 신비주의적인 것으로 표현하였다. 우리가 추구하는 참된 세계나 삶의 의미를 저 멀리 언어가 닿지 않는 곳에 남겨놓은 것이다. 그렇게 아름답고 신비스럽게 느껴지는 영역이 바로 언어와 사고와 논리가 멈춰야 할 곳이다. 러셀에 따르면 비트겐슈타인이 신비주의에 빠지게 된 이유는 신비주의가 사유를 중단시키는 힘이 있기 때문이라고 하는데, [49][50] 사실이 그렇다면 참으로 역설적이다. 20세기를 대표하는 위대한

---

47) 비트겐슈타인, 『논고』, 2006, 116쪽.
48) 위의 책, 117쪽.
49) 뮤니츠, 『현대분석철학』, 1996, 328~329쪽. 다음과 같은 버트런드 러셀의 편지 인용 부분 참조. "나는 그의 책에서 신비주의의 냄새가 나는 것을 어렴풋이 느꼈지만, 그가 완전한 신비주의자라는 사실을 발견했을 때 매우 놀라게 되었습니다. — 중략 — 그는 신비주의적인 사유 방식과 신비감에 깊이 빠져들었으나, 나는 그가 신비주의를 좋아하게 된 가장 큰 이유는 신비주의가 그의 사유를 중단시키는 힘을 가지고 있기 때문이라고 생각합니다."
50) 러셀은 『논고』 서론에서도 비트겐슈타인의 신비스러운 것에 대한 태도에 관해 언급하고 있다. (비트겐슈타인, 『논고』, 2006, 116쪽 참조)

철학자가 철학적 사유의 반대라 할 수 있는 사유의 중단을 즐긴 셈이니 말이다.[51]

비트겐슈타인은 자신의 대표적 저술인 『논고』에서, 철학의 역할은 언어와 사유의 한계들을 결정하는 것이라 말한다.

> 말할 수 있는 것은 명료하게 말해질 수 있다. 그리고 이야기할 수 없는 것에 관해서는 우리는 침묵해야 한다. 이 책은 그러므로 생각에 한계를 그으려 한다. 또는 차라리, 생각이 아니라 사고의 표현에 한계를 그으려 한다. 왜냐하면, 생각에 한계를 그으려면 우리가 이 한계의 양쪽 측면을 생각할 수 있어야 (따라서 생각될 수 없는 것을 생각할 수 있어야) 할 것이기 때문이다. 그러므로 한계는 오직 언어에서만 그어질 수 있을 것이며, 그 한계 건너편에 놓여 있는 것은 단순히 무의미가 될 것이다.[52]

비트겐슈타인에게 있어 어떤 것을 말하기 위한 기본 단위는 명제이다. 사물들은 단순한 건축 벽돌처럼 세계의 실체를 구성하지만, 대상들의 결합방식이 의미 있는 사태事態를 만든다. 각

---

51) 비트겐슈타인 철학의 종교적, 신비주의적 바탕과 이를 기초한 『논고』 해석의 상세는 Russel Nieli, Wittgenstein: From Mysticism to Ordinary Language, State University of New York Press, 1987 참조.
52) 비트겐슈타인, 『논고』, 2006, 15~16쪽.

2장 | 철학이라는 작은 새 | 109

사물은 가능한 사태들의 공간 속에 있고, 명제들은 사물들 사이의 관계를 진술한다. 모든 순수한 명제들은 뜻을 지니고 있으며, 사태 중에서도 존재하는 사태들의 구조를 기술하는 것이 참된 명제로서 사실을 구성한다.

존재하는 사태들과 존재하지 않는 사태들은 모두 가능성의 총체적인 범위에 속하지만, 존재하는 사태만이 세계 내에서 발견될 수 있는 사실事實이므로, 세계는 사실들의 총체이다. 따라서 비트겐슈타인에게 있어서 우리가 말할 수 있는 세계의 형식적 구조는 사실들의 총체로서 언어와 논리로 구성된다.

『논고』에서 바라보는 철학이란, 언어의 본질, 명제의 일반적 형식인 논리를 탐구하는 것에 불과하며, 사물의 존재 자체는 신비스러움 속에 있다. 언어, 명제, 논리는 일종의 보여질 수 있는 현실의 묘사이지만, 말할 수 없는 사물들은 언어와 논리를 벗어나 있다. 말로 표현될 수 없는 세계는 신비주의적으로 자신을 분명하게 드러낸다. 따라서 언어의 역할은 말할 수 있는 부분에 한정해서만, 즉 논리적 공간에 한정해서만 세계의 묘사이다. 사유는 언어와 명제와 논리적 형식으로만 가능하며, 세계의 본질은 사유 바깥에 있다.

그렇게 보면 비트겐슈타인 역시 존재의 의미나 진리에 대한 대답을 거부하는 대표적인 철학자 중 한 사람이라 할 수 있다. 칸트는 우리가 선험적인 감성과 지성의 형식에 의해서만 세계를 인식하므로 실재를 알 수 없고 어떤 방식으로도 인식 너머의 것을 대면할 수 없다고 했지만, 비트겐슈타인은 신비주의적으로 자신을 드러내는 사물들이 있지만, 그것들은 말할 수 없는 영역에 있으므로 철학의 대상이 아니라고 한다.

『논고』에 그려진 철학의 역할은 진리를 밝히는 것이 아니라 언어와 사유의 한계들을 정하는 것에 불과하다. 철학은 언어와 명제를 탐구하는 것으로서 논리적 문법의 발견에 목표가 있다. 따라서 논리적 문법이 발견되면 철학은 스스로 사라진다. 철학은 세계와 언어와 논리의 구조를 발견하는 일종의 사다리이고, 그것들이 발견되면 사다리는 던져 버려야 한다. 그리고 언어의 역할은 말할 수 있는 부분에 한해서의 세계의 묘사이며, 어떠한 언어도 언어를 초월하는 절대적 가치를 기술하지 못한다.

*
**

비트겐슈타인의 주장을 작은 새를 들어 비유해보자.

> 날갯짓을 멈춰야 열리는 새장 안에서, 철학은 끝없는 날갯짓으로 새장 문을 두드린다. 철학은 날갯짓으로 새장 문을 열 수 있다고 착각하는 작은 새다.

*
**

우리에게 친숙한 동양적 세계관도 말로 표현하거나 설명할 수 없는 깨달음이 있다고 주장한다. 예를 들어, 노자의 도덕경은 첫머리에서 도_道라고 할 수 있는 도는 영원한 도가 아니며, 이름 지을 수 있는 이름은 영원한 이름이 아니라고 말한다.[53] 진리에 대한 언어적인 대답은 거부되어야 하며, 존재의 근거와 실재는 말과 표현의 한계 너머에 있다는 뜻일 것이다. 불교에서도 실체적 존재는 언어를 떠난 세계에 있으며, 언어로 구성된 이 세계는 가설假設된 임시의 세계에 불과하다고 본다. 언어에 대응하는 실체는 없으며, 반대로 언어 이전의 세계로서 모든 현상이 서로 의존하여 존재하는 연기緣起의 세계가 진정한 세계라는 것이다.

존재의 의미나 삶의 근원적 이유가 실재에서 비롯되는데, 비트겐슈타인이나 동양사상이 말하듯 실재가 신비로운 영역에 있거나 말로 표현할 수 없는 세계에 있다면, 존재의 의미를 언어로 묻고 답하는 것은 무의미하며, 말로 표현하지 말아야 하는 것을 언어의 그릇 속에 담으려는 잘못된 시도가 된다. 그것은 실재의 신비를 표현하기에 부족한 단지 이름뿐인 답에 불과할 것이기 때문이다.

53] 최진석, 『도덕경』, 소나무, 2001, 19쪽.

이런 주장을 따라가자면 여러 의문이 생기는 게 당연하다. 진리나 참된 세계가 존재하는데 우리가 언어로 표현할 수 없지만 그래도 그것을 알 수는 있다는 말인가? 눈에 보이지 않는 실재에 관하여 말로 대답하지 않고 어떻게 설명할 방법이 있을까? 언어에는 무슨 한계가 있기에 존재 이유를 표현할 수 없을까? 또 존재 이유가 언어로 표현할 수 없는 영역에 있다면 그곳은 어디란 말인가?

거꾸로 생각을 뒤집어서, 인간은 말하는 존재이기에 비로소 인간인 것처럼, 존재와 존재 이유는 말이 있어 생겨났다고 생각할 수는 없을까? 다시 말해 존재 이유는 오히려 언어로 답해야 하는 질문은 아닐까?

**

우리가 어떤 것을 알게 됨에 있어 말이나 생각이 아닌 다른 방법으로 안다면 그것은 일종의 체험 영역이다.

인식론에서는 우리가 안다고 말할 때 대체로 다음과 같은 경우를 뜻한다고 한다. 첫째, '나는 테니스를 칠 줄 안다.'처럼 특정한 능력이 있음을 가리킨다. 둘째, '나는 태양이 동쪽에서 떠올라 서쪽으로 진다는 것을 안다.'와 같이 어떤 정보를 마음속에 떠올려 그것을 믿는 경우를 말하며, 이것은 정신에 나타나는 표상象에 대한 지식이고, 지식의 대상이 명제 문장 이므로 명제적 지식이다. 셋째, '나는 박 선생을 안다.'와 같이 특정인에 대하여 안면이 있고 친숙함을 의미하며 그를 다른 사람으로부터 식별하여 알아볼 수 있음을 말한다. 마지막으로 '나는 고양이를 안다.'처럼 고양이를 겪어 봤음을 뜻할 때는 고양이를 기르는 능력을 넘어 직접 어떤 경험을 하였다는 체험적 지식의 경우이다.[54]

이러한 구분을 따른다면 우리가 진리를 안다거나 존재 이유를 안다고 할 때는 첫째나 셋째 경우처럼 어떤 능력이 있거나 친숙하다는 뜻이라기보다는, 나머지 두 경우처럼 진리에 대한 표상적이고 명제적인 지식이 있거나 경험을 통한 체험적 지식이 있음을 의미한다고 할 수 있다. 즉, 존재 이유는 말이나 생각의 영역에서 명제적 지식으로 나타나거나, 아니면 진리를 경험한 경우로서 체험적 지식의 영역에 있게 된다.

표상적, 명제적 지식으로서 어떤 정보를 마음속에 떠올려 그 정보를 믿는다는 의미에서의 지식은 보통 주어나 술어를 갖춘 문장으로 이루어지므로, 그 경우에는 진리나 존재 이유를 당연히 말로 설명할 수 있다. 따라서 실재나 진리를 알고 있으나 언어로 표현할 수 없다고 하려면, 그 의미는 표상적, 명제적인 지식이 아니라 진리에 대한 체험적 지식을 가지고 있다는 뜻이라 할

---

54) 김기현, 『현대인식론』, 민음사, 1998, 17쪽 이하, 김도식, 『현대 영미 인식론』의 흐름, 건국대학교 출판부, 2004, 23쪽 이하 참조.

수 있다.

진리나 실재에 관한 지식이 체험적 지식이라면 그것은 어떤 체험일까? 또 실재에 대한 앎이 표상적 지식이 아니라 체험적 지식으로서 말로 전달할 수 없다면, 그것이 실재의 체험인지, 엉뚱한 환상에 불과한 것이 아닌지는 누가, 무엇을 기준으로 판가름할 수 있을까?

여러 의문이 떠오르지만 먼저 그 체험에 대해 말이 아닌 다른 방법으로 타인에게 알려줄 방법이 있는지부터 궁금하기만 하다. 예를 들어 음식 맛은 누군가의 설명을 듣기보다는 직접 맛보는 편이 낫고, 테니스를 배운다면 라켓으로 공을 치면서 몸으로 체득할 수 있다. 하지만 말과 사고의 영역이 아닌 체험의 영역에 있는 실재나 진리는 언어로 전달하지 않으면 눈에 보이지 않는 그것을 알려줄 방법이 없다. 그리고 누구도 알려주지 않는다면 우리는 아무 정보도 없고 무엇인지 전혀 모르는 어떤 것을 스스로 체험해야 하는 셈이 된다.

질문이 사물에 대한 것이라면 말이 아니라 몸짓으로 가리킴으로써 대답을 대신할 수도 있다. 예를 들어 컴퓨터가 무엇인지 묻는다면 손이나 턱으로 컴퓨터를 가리킬 수 있다. 하지만 눈앞에 컴퓨터가 없고 질문하는 사람이 컴퓨터가 무엇인지 전혀 알지 못한다면 우리는 말로 컴퓨터의 모양과 기능을 설명할 수밖에 없다. 또 민주주의나 실존주의와 같이 눈에 보이지 않는 근대적 사상에 대해서는 말이 아니고서는 달리 설명할 방법이 없다.

실재나 진리를 체험하지 못한 우리가 체험자로부터 진리를 알아낼 유일한 방법은 어떤 체험이었는지 묻고 대답을 기다릴 수밖에 없다. 우리에게 직접적인 체험의 기회가 주어지지 않는 한 언어적 설명을 들어야 하며, 또 혹시라도 있을 체험을 위해서라도 그 내용을 간접적으로나마 언어로 전달받아야 한다.

체험은 각자가 직접 해야 하니 말로 전할 수 없다면서 아예 알려주기를 거부하면, 우리로서는 그 체험에 관해 실마리조차 가질 수 없다. 애당초 그런 체험이 존재하는지 생각할 여지가 없게 되므로 체험을 위한 시도조차 하지 않을 것이며, 또 체험하였다 한들 서로 같은 체험을 했는지도 확인할 수 없게 된다. 결국 체험적 지식은 전달되고 공유되기 위해서는 표현의 깊이나 정확도는 각자 다르더라도 언어적 설명을 피할 수 없는 것이다.

＊
＊

앞서 비트겐슈타인의 사적 언어에 관한 주장과 같은 현대의 철학적 사고가 근대철학의 회의주의를 극복하게 하였다고 하였는데, 비트겐슈타인의 딱정벌레의 예는 존재 이유나 실재에 관해서도 적용될 수 있을지 모른다. 즉, 언어로 표현할 수 없다는 실체가 각자의 상자 안에 있는 정체 모를 딱정벌레와 같은 것이 될 가능성이다.

진리에 대한 어떤 체험이나 깨달음이라도 공유되기 위해서는, 특히 그것이 우리가 쉽게 체험하기 어려운 것이라면 더욱 언어적 전달이 필수적이다. 내용을 딱 꼬집어 말할 수 없다 하더라도 적어도 어렴풋한 윤곽이나마 말로 전달되어야만 대화자들이 서로 같은 것을 얘기하고 있음을 알 수 있다. 어렴풋이 말하든 꼬집어 말하든 역시 말하고 소통되어야 한다. 다시 말해 진리나 실재나 존재 이유와 같은 추상적 대상은 소통을 위해서는 반드시 말로써 전달되어야 한다. 어떤 사람은 진리라는 이름으로 인간의 존엄성을 생각하고 있고 다른 사람은 창조주를 생각하고 있다면 그들은 같은 대상을 마음에 품고 있는 것이 아니다.

예를 들어 불교의 조종인 석가모니의 깨우침이나 후대의 위대한 선승들의 깨달음은 언어로 설명할 수 없는 것이라고 흔히들 말하지만, 방대한 내용의 불교 경전은 실상은 그런 깨우침을 전하기 위해 쓰인 것이다. 석가모니를 비롯한 위대한 스승들의 깨달음을 알리고 그것을 통해 중생을 구제하기 위해 수많은 경전과 설법이 쓰이고 행해졌다. 그러한 깨우침이 진리의 체험이라 한다면 그 체험을 전달하기 위해서 수없이 많은 설법과 경전이 전승되어 온 것이다.

*
**

비트겐슈타인이 말하는 신비주의적으로 스스로 드러나는 사물의 체험이 있다면 여러 문화권에서 확인되는 신비주의적 현상의 체험이 유사한 예라고 할 수 있다.[55] 스태이스W. T. Stace를 비롯한 일군의 철학자들은 종교인이나 명상가들이 수행과정에서 체험하는 신비주의적 현상을 경험적, 철학적으로 분석하고 있는데, 예컨대 기독교 수행자의 신과의 합일, 힌두교 명상가의 브라만과의 하나됨, 불교도의 공空 체험을 연구하는 것이다. 그런 신비주의적 체험의 중요한 표지가 언표불가능성言表不可能性, ineffability으로서, 체험의 대상이나 내용을 말로 설명할 수 없다는 것이다.[56]

---

55) Russel Nieli 는 『논고』의 사고가 비트겐슈타인의 신비주의 체험을 바탕으로 한 것으로서, 비트겐슈타인은 신(神), 신비적인 것, 영원, 세계가 존재한다는 경이로움, 진정한 자아, 삶의 의미 등을 언어 너머의 세계에 귀속시키고 있는데, 신비주의에 기초한 해석만이 그가 주장하는 말할 수 있는 것과 말할 수 없는 것의 해석을 일치시킬 수 있다고 주장한다. (Russel Nieli, Wittgenstein: From Mysticism to Ordinary Language, 1987 참조)
수도승이 되기를 원했다는 비트겐슈타인의 종교적 성향은, 『논고』 뒷부분의 말할 수 없는 것에 관한 사고나, 또 『논고』 집필 당시의 노트와 그 이후의 윤리학에 대한 강의에서 충분히 드러나므로, Nieli의 해석처럼 비트겐슈타인의 사유를 신비주의 수행이나 체험에 연결하는 것이 무리는 아닐 것이다. 물론 다른 의견을 가진 독자라면 철학적 신비주의에 관한 주장을 비트겐슈타인과 상관없이 이해해도 무방하다.
한편, 이영철은 이런 견해에 반대하며, "비트겐슈타인의 『논고』의 사다리를 딛고 올라설 때 드러나는 진리성은 이 세계 너머에 존재하는 언표 불가능한 어떤 다른 (초험적) 세계에 관한 것이 아니라, 언표 불가능하지만 어디까지나 언표 가능한 진리들에 의해 한계 지어지는 이 현실 세계에 관한 또 다른 관점에서의 진리성으로서, 영원의 관점과 결부되는 초월적이고 절대적인 진리성"이라고 주장한다. (이영철, 『비트겐슈타인의 철학』, 책세상, 2016, 129쪽 이하 참조)
56) 미국 스탠퍼드대학교 인터넷 철학 백과사전 중
Gellman, Jerome, "Mysticism", The Stanford Encyclopedia of Philosophy (Summer 2019 Edition), Edward N. Zalta (ed.), URL = https://plato.stanford.edu/archives/

신비주의 체험의 뚜렷한 특징은, 모든 사물이 하나로 통합되는 느낌이나 단일하고 순수한 의식상태를 느끼며, 객관성과 실재에 대한 확신과 더불어 일상에서 느낄 수 없는 더할 수 없이 넘치는 충일감과 평화를 경험하는 것인데, 언어를 사용하여 표현할 수 없으며 논리적으로 설명하기 어려운 역설적인 체험이라 한다. 신비주의 체험은 불교문화권, 힌두 문화권, 유대 문화권, 가톨릭 문화권 등 다양한 문화권의 수행자들 사이에서 발생한다.[57]

이러한 신비주의 체험이 언어와 개념, 신념 체계와 문화의 개입 없이 가능한지에 대하여 학자들 사이에서는 양론이 대립하고 있다.[58]

구성주의constructivism는 신비주의 체험이라도 체험자의 언어, 문화, 종교가 체험의 내용을 결정한다는 견해이고, 공통주의 Perennialism[59]는 반대로 신비주의 체험에서 공통점을 추출하려는 견

---

sum2019/entries/mysticism/ 참조.

[57] Steven T. Katz, "Language, Epistemology, and Mysticism" in Mysticism and Philosophical Analysis, Steven T. Katz (ed.), New York Oxford University Press, 1978 참조.

[58] Steven T. Katz, "Language, Epistemology, and Mysticism", 1978, Robert K. C. Forman, "Introduction: Mysticism, Constructivism, and Forgetting", "Eckhart, Gezucken, and the Ground of the Soul" in The Problem of Pure Consciousness, Mysticism and Philosophy, Robert Forman (ed.), Oxford University Press, 1990 참조.

[59] 'perennial'의 뜻은 '지속되는, 계속 반복되는'이지만, 주장의 취지가 신비주의 체험의 공통적인 특징을 추출하려는 것이므로 그 의미에 주안점을 두어 필자가 공통주의라 번역하였다.

해이며, 신비주의 체험을 이끄는 힘은 문화와 종교이지만 체험의 내용 자체는 주관과 객관의 합일인 순수의식 상태Pure Conscious Event를 경험하는 것으로서 전 세계적으로 같다는 것이다.

공통주의는, 신비주의적 체험 자체는 문화와 언어의 다양성을 뛰어넘지만, 체험에 이르는 과정과 체험 후의 이해 및 해석이 문화와 언어에 따라 다양해진다고 주장한다. 반대로 구성주의는, 경험에는 경험 주관의 형식이 필요하다는 칸트주의적 견해를 확대 적용하여, 문화와 해석이 경험 자체에 동반되므로 신비주의 체험 자체가 문화권에 따라 서로 다르다고 주장한다.

이러한 견해의 대립은, 감각적 현상이나 지각 경험 자체를 경험으로 볼 것인지, 아니면 문화적 이해와 해석이 동반된 경험만을 경험으로 볼 것인지의 문제라 할 수 있다. 인간의 경험은 지각 경험의 단계에서는 같을지라도 각 문화권에 따라 전혀 다른 이해와 해석으로 나뉠 수 있다. 간단한 예로 청양고추를 맛본다면 우리가 인간이라는 종인 이상 감각 현상 자체만으로는 경험자 모두에게 같거나 유사하게 느껴질 것이다. 하지만 청양고추가 얼마나 맵게 느껴질지는 각자의 문화에 따라 달라진다.[60] 그렇다면 이런 견해 차이는 문화가 동반되지 않는 동물적인 단계에서의 지각 경험을 경험으로 볼 것이냐, 아니면 문화적 이해가 동반

---

60) 물론 개인에 따라 차이가 있겠지만, 여기서는 사회적이고 문화적인 부분만 얘기한다.

된 이후를 경험으로 볼 것이냐의 문제가 된다.[61]

어떤 경험이 기독교 신비주의 체험의 경우처럼 신과의 합일이라면, 또는 유대교 신비주의의 아인[Ayin62]의 체험이라면, 그 지각경험 자체가 신과의 합일이나 아인이 아니라, 그것을 무엇으로 볼 것이냐에 있어서 신과의 합일이나 아인의 체험으로 이해할 것이므로, 구성주의는 인간의 경험을 지각 경험 이후 문화적 해석이 포함된 것으로 좁게 해석하는 경우이고, 반대로 공통주의는 그러한 문화적 이해 이전의 지각 경험 자체를 일단 공통적인 경험으로 간주하는 견해라 할 수 있다.

하지만 어느 견해에 의하더라도 경험의 해석과 전달이 언어와 문화의 영향권 하에 있다는 사실은 부인할 수 없다. 극단적으로 인간의 경험은 언어와 문화의 영향 없이는 아예 이루어질 수 없다고 주장하는 게 아니라면, 인간의 동물적이고 감각적인 지각경험이 언어와 문화에 의한 해석을 통하여 비로소 동물적 경험과 구별되는 '인간적인 경험'이 된다는 사실 만큼은 누구라도 인정할 수 있을 것이다. 즉 경험은 언어와 문화가 적용되었을 때

---

61) 인간이 이미 사회구성원인 이상 우리가 감각적 체험을 문화적 경험으로부터 순차적으로 분리해 낼 수 있을지 의문이지만, 논리적으로 생각하여 순서가 있다고 가정해 보자.

62) 유대교 신비주의 체험은 아인(Ayin, 그 의미는 nothingness)의 경험이라 한다. (Matt, Daniel C., "Ayin: The Concept of Nothingness in Jewish Mysticism" in The Problem of Pure Consciousness, Mysticism and Philosophy, Robert Forman (ed.), 1990 참조)

비로소 인간의 경험이 된다.

그렇다면 신비주의적인 실재의 체험을 한다 해도 그것은 즉각적으로 언어와 문화에 따른 해석을 통과하여 경험자 자신에게 이해된다. 지각 경험 자체로만 본다면 선* 개념적, 선* 문화적으로 보편성이 있다 하더라도, 그것이 의미를 갖는 순간은 경험자가 그러한 경험과 의식상태를 향해 노력했고[63], 우연이든 필연이든 마침내 그 현상을 체험한 다음, 자신의 문화와 종교의 맥락 내에서 또는 자신의 사유 내에서 의미가 담긴 해석을 할 때이다.

신비주의 현상이나 문화에 대해 말하고자 한 것은 아니었지만, 비트겐슈타인 역시 자신의 내적 감각 상태를 아는 것은 공적 언어의 영역에 있음을 지적한다. 언어가 없다면 내가 겪고 있는 감각적 고통의 기준이 없게 되며, 이 순간의 감각적 고통이 전에 겪었던 감각과 같다는 것을 보증할 수 있으려면 언어사용자가 되어 어떤 경우에 고통이란 단어를 사용할 수 있는지를 알아야만 한다. 고통이나 기쁨, 슬픔 등의 단어에 대한 언어 사용법을 알지 못하면 우리는 기준을 상실하게 되며 그 감각들에 대한 확실한 지시를 보장받지 못하게 된다. 비록 비트겐슈타인이 실재의 체험에 대해 그런 주장을 한 것은 아니지만, 모든 경험이

---

63) 그 노력은 보통 체험자가 속한 문화에서 주어지는 방법을 따르게 되는데, 구성주의는 그 점을 강조한다. 문화에 따른 수행과 노력이 없이는 도달할 수 없었던 체험이라는 점과 체험 이후의 해석이 그 문화권에서 이루어진다는 점을 강조하는 것이다.

기준을 가지기 위해서는 공적인 영역에 진입해야 한다는 점에 있어서는 마찬가지가 아닐 수 없을 것이다.

즉 감각에 대한 이러한 주장이 옳다면 실재와의 대면이나 신비주의적 체험에 관하여도 같은 말을 할 수 있어야 한다. 우리는 서로 간의 의사소통 없이는 그것이 실재라고 믿어야 할 근거가 없으며, 그런 생각조차 할 수 없다. 그렇다면 우리가 체험하는 실재는 우리의 의사소통으로 비로소 실재가 되며, 언어와 개념과 문화에 의하여 신비주의적 실재가 된다고 말할 수 있다.

생각해 보면 공동체에서 언어화되지 않는 한 어떤 것도 구체성을 띠지 못하며 인간적인 의미를 지니지 못하게 된다. 경험은 문화적인 것으로서만 인간적인 이해의 범주 안에 들어온다. 경험의 구성요소인 감각적 현상은 선 언어적일 수 있지만, 경험의 구성 또는 경험의 이해는 언어적, 문화적 맥락 속에서 성립되고 해석되어야만 한다. 청양고추의 얼얼한 느낌은 언어화되기 이전에는 모호한 감각적 현상에 불과하다. 그것은 맵다거나 얼얼하다는 구체적 단어로서만 비로소 우리에게 이해되며 계속성을 지니게 된다. 그런 공적 단어들이 없다면 우리는 아무리 유사한 감각을 느껴도 맵다는 것을 이해하지 못한다. 단순한 감각 현상과 인간적 이해의 차이다.

언어적 문화적 이해 없이 우리는 어떠한 경험도 이해할 수 없다. 감각 현상은 있어도 이해가 없는 셈이다. 이해할 수 없다는 것은 동물적 차원을 넘은 인간적 의미에서는 경험 자체가 없다는 뜻이 된다. 앞서 말한 선승들의 깨달음은 그것을 전수하고자하는 우리에게는 물론이고 그들 자신에게도 전제가 되는 문화적사회적 토양 위에서만 체험과 이해가 가능한 것이다. 열반이나깨달음이라는 현상의 체험이 가능하다거나 반대로 불가능하다고 주장하려는 게 아니라, 그 체험이 이해되기 위해서는 언어의세계, 의미의 세계, 인간의 세계에 들어서야만 한다는 뜻이다.

**

모든 체험이 언어적으로 이해된다는 이런 생각은 우리가 사고를 먼저 한 후에 그 내용을 언어로 표현한다는 반론에 부딪힌다. 언어가 사고의 전달 수단에 불과하다면 진리나 존재 이유가 반드시 언어적이어야 할 필요가 없게 되므로 언어 전의 사고가 무엇인지 따져 보지 않을 수 없다. 또 사고가 언어에 앞선다면 언어를 사용하지 않는 동물들의 사고는 인간의 사고와 어떻게 다른지 궁금해진다.

동물도 정신 활동 — 정신이 물질인지에 대한 유물론 논의를떠나 통상적으로 우리가 정신 활동이라고 생각하는 — 을 한다.동물들의 인식과 판단에 대해서도 우리는 생각이라는 꼬리표를붙일 수 있다. 외출 후 집에 돌아왔을 때 강아지가 꼬리를 흔들며 반가워하면 아이는 "우리가 보고 싶었나 봐요. 강아지도 생각을 하는 게 틀림없어요."라고 말한다. 강아지는 반가운 마음을 말 대신 몸짓으로 표현하는 것처럼 보인다. 그러므로 사람 아닌 동물도 사고를 할 줄 안다고 생각하더라도 전혀 이상할 게 없다.

우리도 생각을 먼저 한 다음 그 내용을 언어로 표현한다고 느끼는 경우가 많다. 동물과 마찬가지로 우리도 좋아하는 느낌이나 마음을 미리 가지고 있고 그것을 언어로 표현한다. 따라서 인간의 사고도 언어에 앞서 형성된 다음 그 표현만 언어의 틀을 이용하는 게 아닌지 의문이 생긴다. 생각이 먼저고 뒤따라서 언어가 생각을 표현하는 것이다. 이런 순서를 진리에 적용해보면 진리는 언어의 개입 이전에 깨우쳐야 하고 그다음 사람들에게 전달되기 위해서 비로소 언어적 형식을 요구하게 된다. 즉 진리나 신비주의적 실재는 언어적 형성에 앞서 인식되는 셈이다.

그런데 어떤 느낌이나 감정이 언어적 구체화 전에 이미 존재할 때 그것을 생각이라 부를 수 있을까? 청양고추를 먹고 급하게 물을 마셨다고 하면, 그 매운맛은 언어로 구성되거나 표현되기 전에 이미 감각적 느낌으로서 지각되는데, 그것을 곧바로 생각이라 할 수 있을까? 아니면 맛이 얼얼하고 자극적이더라도 그 뜻을 가진 표현으로 언어화하기 전에는 아직 맵다는 생각은 아니라고 해야 할까? 다시 말해 언어로 구체화 되지 않은 동물적 지각과 판단까지 생각이라 말할 수 있을까?

소쉬르F. d. Saussure나 벵베니스트E. Benveniste와 같은 언어학자들은 언어 이전의 사고의 가능성을 부인한다. 우리는 언어 이전에 동물적인 모호한 느낌을 가질 수 있지만, 언어 없이 사고는 불가능하다는 것이다. 벵베니스트는 다음과 같이 말한다.

언어는 가능한 모든 표현의 틀이며, 따라서 사고내용은 언어로부터 분리될 수도 없고, 언어를 초월할 수도 없다. 인간의 사고내용은 언어를 통해야 하고, 언어로부터 그 골격을 빌려야 한다. 달리 말해서, 사고는 무로 환원되거나 아니면 언제나 아주 모호하기 짝이 없고 극히 분화되지 않은 어떤 것으로 환원되는 까닭에, 언어가 사고에 부여하는 형식과는 구별된 내용으로 이를 파악할 수 있는 어떤 수단도 우리에게는 없다. 그러므로 언어 형태는 전달 가능성에 대한 조건일 뿐만 아니라 무엇보다도 사고의 실현조건이다. 우리는 언어의 골격에 이미 적합하게 짜인 사고를 파악하는 것이다. 이를 벗어나서는 모호한 의지와 충동만이 있을 뿐이며, 이들이 몸짓이나 흉내로 분출되어 나오는 것이다. 엄격히 말해서 사고는 언어에 의해 형태가 부여되는 질료가 아니다. 왜냐하면, 매 순간 이 담는 그릇은 그 담긴 내용 없이는 생각될 수 없고, 또한 이 담긴 내용은 이 담는 그릇과는 독립된 것으로 생각될 수 없기 때문이다.[64]

---

64) 에밀 벵베니스트, 『일반언어학의 여러 문제 1』, 김현권 옮김, 지식을만드는지식, 2010, 100~102쪽.

훔볼트 역시 인간은 언어로 사고하며 언어를 통해 사고한다고 말한다. 언어는 사상을 형성하는 기관으로서, 지적 활동은 말소리와 결합해야 하는 필연성에 얽매여 있으므로 언어와 분리될 수 없으며, 언어와 분리되면 표상은 개념으로 정립될 수 없어 사고는 명료하게 이루어질 수 없다고 훔볼트는 지적한다.[65]

언어학자들의 이러한 주장을 무시할 수는 없지만 그래도 여전히 의문이 남는다. 우리는 수시로 언어 활동에 앞서 사고를 한다고 느낀다. 우리는 말에 앞서는 감각과 판단, 의지들이 있음을 알고 있다. 또 그러한 것들이 생각을 일으키는 힘이라는 사실을 안다. 또 적당한 표현을 찾고 싶어 머뭇거리는 경우처럼 어떤 말을 해야 할지 모색하는 과정이 있음을 알고 있다. 이런 상황들이 우리에게 사고가 언어적 활동에 앞서 있다고 생각하게 만든다.

즉 우리는 말을 하기에 앞서 상황에 맞는 말을 하고자 하는 욕망을 느끼며, 또 말로 다 하기 어려운 어떤 감정을 느끼기도 한다. 대화하면서도 다양한 표현들 사이에서 한두 가지를 선택하는 과정을 거치는데, 그 선택과정은 언어표현의 적합성을 검토하는 정신 능력, 주어진 언어표현 중에서 당시의 상황과 맥락에 가장 잘 맞는 표현을 골라내고자 하는 힘과 활동이 있음을 느끼게 한다. 그렇다면 언어에 앞서 사고가 있다고 생각하는 것

---

65) 이성준, 『훔볼트의 언어철학』, 1999, 119~120쪽.

이 어쩌면 당연해 보이기도 한다.

최근에 발달한 인지언어학자들의 주장도 이런 생각을 뒷받침한다. 인지언어학자들은 언어가 사고의 패턴을 반영한다고 본다. 인지언어학자들에 따르면 언어의 중요한 기능은 사고와 생각을 표현하는 것으로서, 언어는 우리의 생각을 부호화하고 그것에 형체를 부여한다. 언어는 사고를 표현하기 위한 제한된 체계이며 실로 그것을 제한하는 체계일 뿐이다. 우리는 생각을 말로 표현하지 못하는 좌절감을 경험해 본 적이 있다. 따라서 언어는 사고 전체가 아니라 풍부하고 정교한 사고 일부만을 부호화하는 것이며, 또 언어표현은 선 언어적인 개념적 체계에 접근하기 위한 기본적 지시일 뿐이다.[66]

이러한 주장들처럼 언어에 앞서 사고가 있다면 언어는 사고에 부차적이며 사고의 전달 수단에 지나지 않게 된다. 언어는 이미 형성된 사고의 표현 방법에 불과한 것이기 때문이다. 그러한 생

---

66) 비비안 에반스·멜라니 그린, 『인지언어학 기초』, 임지룡·김동환 옮김, 한국문화사 2006, G 레이코프·M. 존슨, 『몸의 철학』, 임지룡·윤희수·노양진·나익주 옮김. 도서출판 박이정, 2002 참조.
인지언어학자들은 우리의 사고와 이성이 탈신체화된 것이 아니라, 우리의 두뇌, 몸, 그리고 신체적 경험의 본성에서 유래한다고 주장한다. 이성은 근본적으로 자유롭지 못한데, 인간의 가능한 개념 체계들과 가능한 이성 형태들은 몸에 의해 형성되기 때문이라는 것이다. 마음은 그저 신체화되어 있는 것이 아니라, 우리의 개념 체계들이 몸의 공통성과 우리가 거주하는 환경의 공통성을 주로 이용하는 방식으로 신체화되어 있다. 분석철학이 제시한 것 같은, 사고가 몸으로부터 배제된 인간은 없다는 것이 인지 언어학자들의 주장이다.

각을 관철하게 되면 진리나 존재 이유를 알고자 하는 경우 그것을 느끼거나 생각하면 되는 것이지 굳이 말로 표현할 필요가 없다는 결론에 이를 수 있다. 더 나아가 언어는 제한적인 표현 수단에 불과하므로 존재 이유는 말로 표현되어서는 안 된다는 생각까지 도출될 수 있다. 존재 이유는 말로 설명해야 할 필요가 없을 뿐만 아니라, 오히려 말로는 부족한 대답이 되는 것이다.

이처럼 언어와 사고의 관계에 대해서는 견해가 나뉘고 있는데, 대체로는 다음 세 가지의 견해가 있다고 한다.[67] 첫 번째는 언어와 사고가 같다는 것이다. 언어는 소리가 있는 사고이며, 사고는 소리 없는 말하기일 뿐이다. 말하기 없는 사고는 없는 셈이다. 두 번째 견해는 언어와 사고가 완벽히 분리된다는 것으로서, 사고가 근본적인 데 반해 언어는 부차적이며 일단 사유된 것을 표현하고 전달하는 방법에 불과하다. 앞서 보았던 인지언어학자들이나 보통 사람들의 생각처럼 언어는 전달의 수단일 뿐이다. 셋째는 언어와 사고는 다르지만, 언어를 소유하는 인간에 있어서는 더 이상 엄밀하게 분리될 수 없을 정도로 밀접한 상호관계가 있다는 것이다.

어느 견해가 옳으냐 그르냐를 떠나서, 또 동물들도 선 언어적 사고를 한다는 점을 인정한다고 하더라도 한 가지 부인할 수 없

---

67) 이성준, 「훔볼트의 언어철학」, 1999, 120쪽 이하.

는 사실이 있다. 인간의 사고가 동물의 사고와는 비교할 수 없을 정도로 복잡하고 체계적인 면을 갖추게 되었으며 그것이 바로 언어 때문이라는 사실이다. 인간의 사고는 이제 언어 없이는 설명할 수 없다. 우리가 사고와 언어의 관계에 대해 논의하는 이유도 인간은 동물적 사고를 넘어 언어적, 이성적 사고를 하기에 그 차이가 무엇인지 정확히 알고 싶기 때문이다. 즉 우리가 동물적·비언어적 판단을 하지 않는다는 뜻이 아니라 우리는 그것에 더하여 혹은 그것을 훨씬 뛰어넘어 언어를 사용하여 이성적으로 사고하는 존재라는 뜻이며, 그렇게 언어적, 논리적 사고를 하기에 우리는 우리 자신을 생각하는 동물이라 부른다.

동물도 사고를 한다는 주장이나 우리가 언어 이전에 언어와 관계없이도 사고를 한다는 주장은, 사고를 논의하는 과정에서 그 범위를 확장하여 언어적 사고가 아닌 동물적인 비언어적 판단과 의지를 포함한 것에 불과하다. 동물도 사고를 한다는 주장은 동물이 언어적 사고를 한다는 뜻이 아니라, 그들 나름의 비언어적, 직관적 판단과 결정을 한다는 뜻일 뿐이다. 동물들이 언어 표현을 선택하는 행위나 언어적 판단을 하는 것도 아니며, 동물적인 결정과 판단의 내용을 언어화하는 것도 아니다. 물론 동물도 사고한다고 주장하는 견해 역시 동물들이 언어적 사고를 한다고 주장함은 아닐 것이다.

그렇다면 언어 이전의 앎은 동물과 구별되는 존재로서의 인간적 앎은 아니다. 그러니 언어적 개념으로 포착되기 전의 사고의 단계에서 진리가 있을 수 있다는 주장은 우리가 동물적 사고의 단계에서 진리를 구하는 것이 아닌 한 생각하기 어려운 주장이다. 생각해 보면 질문 자체가 언어와 개념에 의한 사고에서 비롯된 것이다. 우리는 심오한 사고와 통찰에 기초하여 진리를 묻고 그 대답을 원하고 있으며, 그러한 심오함의 극한에 있다고 생각되는 언어 너머의 진리를 구하는 것이다.

실재가 언어를 넘어 존재한다는 주장은 언어를 초월한, 언어의 한계를 초월하였기에 언어로써 표현하기 힘든 존재에 관한 주장이라 할 수 있다. 다만 그것을 검토하기에 앞서 하나의 반론으로서 가능한 언어 이전의 사고에 대해 생각해 보았다.

*
**

초월적인 실재를 말로 표현할 수 없다는 주장은, 언어가 한계를 가지고 있으며, 실재는 그 한계 너머에 있다는 주장이다. 우리는 늘 언어의 한계를 느끼므로, 진리가 언어적이라면 우리는 그 한계 때문에라도 존재 이유를 다 알 수는 없지 않나 하는 생각이 들 수밖에 없다. 그런데 정말로 언어에 한계라는 게 있을까? 만일 있다면 그 한계는 누가, 어떻게 설정한 것일까?

우리는 언어를 사용하여 의사소통하고 사고하며, 언어에 의하여 개념적으로 구분된 자연적 대상물 산, 들, 강, 바다, 하늘 등 이나 인공적, 사회적 대상물 건물, 도로, 사회, 친구, 선물 등 과 접촉하며 살아간다. 모든 자연적 대상과 사회적 대상에 이름이 붙어 있으므로, 언어는 우리에게 공기와도 같이 느껴진다. 공기가 없다면 생존 불가능한데도 그리 신경 쓰지 않고 살아가듯이 언어는 우리의 삶 대부분을 구성하고 있지만, 우리가 언어적 동물이라는 사실은 일상에서는 그다지 심각하게 받아들여지지 않는다.

우리는 감각적 느낌을 포함하여 모든 것을 언어로 재생산한다. 산은 단어 '산'으로 이름이 되어 나타나고 아름다운 경치는 '아름다움'으로 나타난다. 우리 주변의 사물 중에 이름 없는 것이 있는가. 꽃, 나무, 숲, 강아지, 자동차, 선박 등등 내가 알고 있는 사물에는 모두 이름이 있다. 심지어는 이름이 없어야 마땅할 것 같은 신, 하느님, 도道, 공空도 이름을 가지고 있다. 또 이름을 붙일 수 없는 것까지도 '이름 없는 것'이라는 이름을 가진다.

이렇게 언어 없이는 한시도 살아갈 수 없는 우리는 때로는 말하지 않는 삶을 꿈꾼다. 말을 하지 않고도 의사소통이 가능한 삶이나, 언어에 의한 소통의 한계를 뛰어넘는 완전한 소통을 꿈꾸는 것이다. 우리는 언어의 한계를 느끼며 완전한 소통이나 언어 너머의 소통을 꿈꾼다.

그런데 우리가 흔히 말하는 언어의 한계란 구체적으로 무엇을 뜻할까? 예를 들어 석양 노을의 아름다움을 말로 표현한다고 해

보자. 우리는 감각적으로 느끼는 그 아름다움을 말로 다 표현할 수는 없다. 우리는 바다 위로 펼쳐지는 오렌지색 하늘과 그 사이로 스며든 푸름과 어두움의 절묘한 어우러짐을 문장의 아름다움으로는 표현할 수 있어도 감각 그대로를 언어로 표현할 수는 없다. 허공에 펼쳐진 빛의 향연을 보면서 나도 모르게 빠져드는 환상적인 느낌과 순간적인 무아의 감각도 언어로 다 표현할 수는 없다. 그렇게 매일 접하는 노을조차 제대로 표현할 수 없다는 어려움은 언어에 치명적인 한계가 있다는 증명처럼 다가온다.

하지만 곰곰이 생각해 보면 지각한 내용 자체와 이를 소통하고 전달하기 위한 개념화, 언어화는 서로 다른 영역에 있다. 지각 경험은 언어적 영역에 있는 게 아니므로 언어로 개념화하여 전달할 때 그 경험 전부가 전달되지 못함은 당연하다 할 수 있다. 지각 경험과 표현 및 전달은 전혀 다른 차원의 문제이기 때문이다. 그러므로 소통 수단인 언어가 소통 대상에 미치지 못하므로 언어에 한계가 있다는 것은 사실은 잘못된 비교를 전제로 한 주장이다. 언어의 한계를 따지자면 몸짓이나 신호와 같은 다른 소통 수단과 비교해야지 소통의 대상 자체와 비교할 수는 없다. 또 비교 대상이 아닌 이상 그런 비교를 기초로 언어의 한계를 논할 수도 없는 것이다.

지각 경험과 언어적 표현 사이의 틈과 비교하기 위하여 감각 기관들 사이의 정보전달 가능성에 대해 생각해 보면, 서로 다른 감각인 시각과 청각의 경우, 시각적인 정보를 청각적으로 남김없이 전달하는 것 역시 불가능하며 지극히 상징적이고 제한적인 범위 내에서만 전달 가능하다는 것을 알 수 있다. 열차가 달리는 소리를 녹음기로 들으면, 우리는 음향의 크기와 밀도와 리듬을 느끼면서 열차가 선로 위를 질주하는 이미지를 떠올릴 것이다. 하지만 그것은 녹음된 그 열차가 달리는 시각적 모습이 아니다. 우리는 열차가 달리는 일반적인 장면을 연상하였을 뿐이다. 그뿐만 아니라 풍경을 그림이나 사진으로 전달하는 것처럼 시각 정보를 시각적으로 전달하는 데도 제한이 있고, 음악공연을 녹음하여 음반으로 전달하는 데도 완벽한 전달이 불가능하다. 그러니 감각기관에 의해 지각된 내용을 개념과 말소리를 통하여 언어로 전달하는 것은 당연히 더 제한적일 수밖에 없다.

리하르트 슈트라우스의 『알프스 교향곡』이 일출과 일몰, 폭포, 등산의 아찔한 순간들, 펼쳐진 초지 등을 아무리 아름답게 표현하였다 해도 그것은 음악적 표현일 뿐이다. 음악적 표현들은 시각적 표상들과 전혀 다르므로 시각적인 이미지를 떠올리게 할 수는 있어도 본래의 이미지 자체를 전달할 수는 없다. 따라서 아무리 훌륭한 작곡가라 하더라도 알프스산맥에서 해가 뜨는 장면을 그대로 전달할 수는 없다. 그러나 우리는 그것을 음악의 한계라 말하지는 않는다. 알프스 교향곡이 얼마나 아름다운 곡인지 찬사를 보낼 뿐, 알프스의 일출을 제대로 묘사하지 못했다는 이유를 들어 음악의 한계라 말하지는 않는다.

음악과 달리 왜 우리는 석양의 노을에 대한 언어적 표현이 한계에 부딪혔다고 생각할까? 그만큼 언어적 삶이 우리를 에워싸고 있으며, 언어로 모든 것을 표현할 수 있다는 일반적인 가능성을 우리가 믿고 있기 때문이다. 그리고 그만큼 강력하게 소통의 필요성을 느끼기 때문이다.

본래 언어에 의한 소통은 우리 자신의 필요에 따라 생겨난 것이다. 언어의 발생 과정을 연구하는 학자들은 언어의 발전이 진화과정에서 우리에게 적응적 이득을 안겨 생존에 유리하였으리라 판단하고 있다. 즉, 우리가 언어를 쓰지 않았다면 언어의 한계는 존재할 수조차 없었다. 언어는 자연 상태에서 존재하지 않았으나 우리가 소통을 위해 사용함으로써 등장하였으며, 그것은 석양의 아름다움을 남김없이 전달하지 못하는 언어의 한계를 우리 스스로 만들어냈음을 의미한다. 우리는 석양 노을의 감각적 느낌을 타인과 공유하고자 하며 그 언어적 노력을 기울이는 과정에서 언어의 한계를 절감한다.

즉, 언어의 한계는 다른 소통 수단에 비교하여 부족하기 때문이 아니라, 우리의 언어적 욕망에 비추어 한계로 드러났을 뿐이다. 언어의 한계는 언어에 대한 우리의 절대적인 믿음에 비추어 볼 때 한계다. 우리는 그 한계를 극복하기 위해, 소통을 위한 열망으로, 이전에 없던 의미를 만들어간다. 전달해야 할 새로운 의미를 발견하고 새로운 단어와 개념을 탄생시켜 언어체계는 더욱 외연을 확장해 나간다. 하지만 그것은 언어체계의 확장이지 언어의 한계가 아니다. 민주주의, 공분, 실존주의, 자아라는 단어를 생각해 보면, 그 개념들이 등장하기 전이라 해서 언어가 한계에 부딪힌 것은 아니다. 단지 전에 없었던 새로운 의미가 생겼을 뿐이다.

그래도 우리는 언어를 사용하면서 한계를 느낀다. 우리가 그만큼 언어적 삶에 둘러싸여 있기 때문이며 언어로 모든 것을 소통하고 싶어 하기 때문이다. 우리는 완벽한 소통이 가능한 절대적 언어를 원한다. 우리는 인식의 절대성을 원하기에 사물 자체라는 개념을 만들어냈으며, 표현과 소통의 절대성을 원하기에 말로 표현할 수 없는 실재라는 개념도 만들어냈다.

그렇다면 신비주의적 실재는 그것이 존재한다고 가정하더라도 언어적 설명을 기다리고 있으며, 이미 수많은 언어적 설명이 있었다고 할 수 있다. 인간적 이해는 인간적 소통으로만 가능하다. 신비주의적 실재를 우연히 만나는 게 아니라 각 문화에서 전승된 방법으로 각자의 의지에 기초한 노력을 통해 체험하는 것이라면, 우리는 언어적 설명으로 얻은 지식을 따라 그 체험에 이르게 된다는 사실을 부인할 수 없다. 언표 불가능하다는 말들은 우리가 인식과 표현, 그리고 소통의 절대성을 원한다는 것에 불과하다. 언표 불가능은 우리가 의미의 트램펄린에서 거주하며 언어적 절

대성을 추구한다는 사실을 다시 한번 상기시킬 뿐이다.[68]

*
* *

진리는 언어로 전달될 수 없다는 말의 맥락에 주목해 보자. 수많은 얘기를 한 다음에야 비로소 그렇게 말한다는 사실을 우리는 잊기 쉽다. 즉 진리에 대한 기초지식과 맥락의 전달과 충분한 의미의 공유가 있은 다음에야 진리는 언표 불가능하다는 말이 가능하다.[69] 진리는 숭고하고 신비로우며 더할 나위 없이 소중하다는 기초 위에서 진리에 관한 거의 모든 것이 말해진 다음 더는 구체적으로 논하지 말라는 것이다. 진리에 대한 궁극의 주

---

68) 덧붙이고 싶은 말은, 3장에서 말하는 언어를 초월한 경험 또는 자아의 일시적 초월이라는 체험이 있다는 사실과 그 체험이 언어로 소통되어야 한다는 것은 별개의 문제라는 점이다. 그런 체험이 언어를 초월한 경험이고 일상적인 경험이 아니기에 설명하기 어려운 경험이라는 점을 인정한다 해도, 우리는 언어를 통하지 않는 한 그것을 전달할 방법이 없다.

69) 렌포드 뱀브로(R. Bambrough)는 이와 유사한 철학자들의 역설을 지적한다. 예를 들자면, 루돌프 오토는 『The Idea of the Holy』에서 신성한 존재에 관한 우리의 소통 능력에 대해 매우 회의적이지만, 역설적으로 그는 소통 능력의 부족함을 전달하기 위하여 대단히 효과적으로 그 소통 능력을 사용하고 있으며, 칼라일은 침묵이 금이라고 믿지만, 그것을 증명하기 위하여 수많은 글을 썼다. 플라톤도 여러 책으로 결론짓기를, 자신의 가장 중요한 생각은 글로 표현하지 못한다고 주장하며, 스피노자 역시 중요한 것은 인간의 마음에 있어서의 글쓰기이지 책에 쓰는 것이 아니라 주장하지만, 그는 그 마음에 쓴 글을 바로 책에 썼다. 뱀브로는, 역설은 회의주의자들이 우리에게 이성을 믿지 말라고 설득하면서 바로 그 이성을 사용한다는 데서 발생한다고 말한다. (Renford Bambrough, "Intuition and the Inexpressible" in Mysticism and Philosophical Analysis, Steven T. Katz (ed), 1978 참조)

장, 진리가 가장 중요하다는 선언이 바로 진리는 언어로 표현할
수 없다는 말이다.

그렇다면 진리는 언표_{言表}할 수 없는 것이 아니라 오히려 이미
말해졌고 또 말해질 때 비로소 진리가 된다고 할 수 있다. 진리
는 논의됨으로써 진리로서 존재하게 된다. 진리는 진리가 가진
의미에 대한, 간접적이든 직접적이든 광범위한 언표들이 존재해
야만 성립한다. 그러한 전제들이 없으면 진리는 성립하지 않으
며, 그에 더해 언표 불가능하다고 말함으로써 말할 수 없을 만
큼 중요한 사항이라고 다시 한번 강조하는 것이다.

말을 잃은 세계, 의미와 개념이 존재하지 않는 세계, 공적인
소통이 존재하지 않는 세계에 진리는 설 자리가 없다. 의미가 부
여되지 않은 현상, 언어화와 개념화 이전의 현상은 진리가 아니
며 이유나 목적이 될 수도 없다. 언표할 수 없다고 하는 진리는
이미 언어화되고 개념화된 의미망과 문화 내에서만 존재한다. 어
떤 현상이든 의미를 부여받음으로써, 심오한 가치이든 소중한
가치이든 최고의 가치이든, 비로소 진리의 자리를 차지하게 된
다. 그렇게 부여받은 의미를 설명할 수 있어야 하는데, 진리는
말로 표현할 수 없다고 할 때는 그것을 간접적으로 말하는 셈이
되며 앞서 말해진 수많은 자료를 통해 그 심오한 뜻을 파악하라
는 뜻을 가지게 된다.

비트겐슈타인이 언급한 말할 수 없는 신비스러운 사물들 역

시 우리의 소통체계 내에서 의미를 부여받은 것이다. 그것이 어떤 체험이라면 말로 표현해서는 안 될 정도로 깊고 심오한 체험이며, 통속적인 사회문화적 상황 속에서 이해하기 힘들고 보통 사람이 경험하기 힘든 체험이라는 점에서 특이성이 있겠지만, 그래도 우리가 추구해야 할 심리적 경험이며 언어적 현상을 뛰어넘는 신비주의적 경험이라고 암시하고 있다. 우리의 일상적 가벼움을 넘어 저 깊은 곳에 이를 수 있는 심오한 체험이라고 간접적으로 말하고 있는 것이다.

진리나 존재 이유는 반드시 언어적 사고로 드러나야 한다. 신비주의적 체험이나 그 의미가 존재의 이유라고 말하려는 게 아니다. 그러한 체험이 있다면 그것 역시 언어를 통해서만, 공동체가 낳은 의미 속에서만 존재한다는 뜻이다. 실재나 진리라는 게 있다면 그것은 말해져야 한다. 실재는 말할 수 없는 것이라 말할 때조차도 말해지고 있으며, 단지 간접적으로 혹은 내용이나 속성을 제거한 부정적인 방법으로 진술되고 있을 뿐이다.

실재에 관한 사고는 언어와 공동체 없이는 성립할 수 없으며, 진리나 실재가 형성되려면 기본바탕으로서 언어와 개념, 공동체와 문화가 필요하다. 진리를 말하기 위해서는 전제되는 수많은 다른 진리의 이해가 필요하다. 진리는 혼자 있는 사람에게 있을 수 없으며, 진리라 불리는 체험이나 명제도 혼자만의 의미로는 있을 수 없다. 진리는 공동체와 전제 사실들 위에서만 서 있을 수 있다.

언어와 공동체는 의미체계를 낳고 스스로 한계를 설정했으며 언어 너머라는 생각도 낳았다. 실제로는 한계가 아닌 한계, 언어가 없었다면 존재하지 않았을 언어의 한계를 만들어냈으며, 그 한계 너머, 비트겐슈타인이나 동양사상이 말하는 언어 너머라는 개념까지 창조해냈다. 우리의 언어적 사유는 사유할 수 없는 곳을 만들고, 또 표현할 수 없는 곳도 만들어냈다. 언어 너머는 언어적 사유가 본질적으로 향할 수밖에 없는 트램펄린 너머의 곳, 언어와 의미 너머의 곳이며, 언어와 의미의 트램펄린이 없으면 존재할 수 없는 장소이다.

그렇다면 철학이 새장 안의 날갯짓에 불과하다고 하는 생각 역시 철학이 새장 바깥으로 나갈 수 없는 작은 새에 불과하다는 생각만큼이나 전도된 사고이다. 새장과 새장 바깥은 새의 날갯짓이 있어야만 존재한다. 역설적이지만, 한계는 우리가 설정함으로써 존재하며, 새장은 우리가 사유할 때 비로소 존재한다. 우리는 사유라는 날갯짓으로 새장을 만들고 또 계속되는 날갯짓으로 새장의 본질을 탐색하고 측정한다. 사유라는 날갯짓이 있어야만 새장을 얻게 되고 새장에의 갇힘을 얻게 되므로 결국 언어 너머로의 신비주의 체험도 사유라는 날갯짓이 있어야만 가능한 것이다.

참된 세계의 존재 가능성

•

작은 새는 날갯짓으로 새장을 짓고
새장 너머를 탐색한다.
철학은 스스로 지은 새장 너머를 향한,
날갯짓 없는 세계를 향한 작은 새의 날갯짓이다.

새장 바깥으로 비유한 칸트의 물 자체의 세계는 우리가 새장 안에서 새장 바깥의 시각을 가진 것처럼 바라보아야만 존재한다. 새가 스스로 새장을 지어 자신을 가둔 셈이다. 우리는 사유로써 새장을 만들고 철학이라는 날갯짓으로 새장의 본질과 새장 바깥을 탐색한다. 철학은 의미의 세계, 의미의 경계로서의 새장과 그 바깥을 탐색하는 새의 날갯짓이다. 우리는 우리 자신이 알고 있는 내용을 투사하여 새장과 새장 바깥에 대한 초월적 시각을 만들어낸다. 그런 초월적 시각으로 볼 때 비로소 새장 바깥을 알지 못한다는 결론에 이르게 된다.

그러나 깊은 사유 끝에 이런 결론에 이르러도 우리는 여전히 진리와 실재에 관한 질문을 그치지 않는다. 이 세계 너머에 참된 세계로서의 실재나 진리의 근거가 존재하지 않을까 하는 의구심은 여전히 남아 있고, 절대성에 대한 욕망을 자극하는 트램펄린의 흔들림은 변함이 없다. 물론 텔레비전과 인터넷, 스마트폰의 시대를 살아가는 현대인은 예전처럼 심각하지는 않다. 하지만 인류의 역사는 수없이 많은 사람이 현실 세계에 대한 근본적인 회의에 빠져 왔음을 지켜보았고, 그런 경향은 현대에도 이어지고 있다.

우리가 지내는 세계의 실재성을 부인하는 이런 생각을 철학자들만의 헛된 사고로 치부하는 견해도 있다.[70] 하지만 이 세계 아닌 참된 실재가 있다는 생각이나 반대로 실재는 존재하지 않고 우리 마음속의 관념에 불과하다는 버클리식 관념론[71], 또 나중에 살펴볼 실재는 언어와 마음이 구성해 낸 것이라는 현대의 반실재론이 반드시 철학자들만의 생각일까?

우리는 이 세계의 실재성에 대한 의심의 실마리가 되는 많은 허위와 오류를 경험한다. 예를 들어, 어린 시절 꾸었던 맹수의 꿈은, 날카롭게 유리문을 긁는 발톱, 금방이라도 깨질 것 같은 마찰음, 코앞에서 노려보는 맹수의 눈빛이 사실보다 더 사실적인 꿈이다. 물론 잠에서 깨자마자 꿈이었음을 알지만, 그런 경험을 통해서 우리는 두뇌의 정보처리가 사실에 기초하지 않을 수도 있음을 알게 된다.

꿈만이 아니다. 현실의 감각적 판단도 나를 속인다. 단단할 것

---

70) 배식한, 『반실재론을 넘어서 (퍼트남과 데이빗슨의 제3의 길)』, 2007, 2쪽 참조. 철학자 집단 바깥에서 거의 보편적으로 받아들여지는 물리적 세계에 대한 실재론적 태도가 철학자들 사이에서는 별 인기가 없고 반대로 반실재론이 직업병이나 되듯이 광범위하게 받아들여지고 있다는 견해를 소개하고 있다.

71) 버클리(G. Berkeley, 1685~1753)는 영국의 주교이자 철학자로서 데카르트의 물질-마음 이원주의를 공격하면서, 우리의 마음에서 벗어난 사물은 존재하지 않고 오직 인간의 마음속 관념만이 존재할 뿐이며, 그 마음속 관념들을 존재하게 하는 것이 바로 신이라고 주장했다. 버클리에 따르면, 물리적 세계는 없으며, 우리의 마음과 신 외에는 아무것도 존재하지 않게 된다.

같았던 도로가 붕괴하여 상처를 입고, 교차로의 신호를 잘못 예측하여 사고를 일으키며, 네트를 넘어오는 테니스공은 내 판단보다 훨씬 빠르다. 인간관계의 배신과 기억의 오류도 마찬가지이다. 어제 진실이었던 사랑은 오늘은 거짓이 되고, 장밋빛이었던 세상은 잿빛이 된다. 또 현재의 고통은 오래 묵은 기억까지 비틀어 전혀 새로운 해석으로 과거를 다시 태어나게 하기도 한다.

내게 드러나 있는 것들, 나에게 말해진 것들, 내가 직접 경험하고 판단하고 믿었던 것들은 언제라도 허위로 판명될 가능성에 둘러싸여 있다. 이런 허위의 가능성이 계속되고 삶의 어려움이 압박하다 보면 우리는 가장 큰 허위의 가능성마저 입 밖에 낼 수 있게 된다. 이 세계는 허위가 아닐까? 참과 거짓에 대한 가장 큰 의심이 싹트는 것이다. 이 세계 말고 참된 세계가 따로 존재하지 않을까? 그리고 각자의 현실과 형이상학적 욕구에 따라서는 그 의심이 눈앞의 세계보다 눈에 보이지 않는 세계를 더 믿게 할 수도 있다.

이것은 나와 나를 둘러싼 환경을 전부 의심하는 것이니 세계와 존재에 대해 품는 가장 큰 의심이며 또 마지막 의심이라 할 수 있다. 물론 현실을 살아가는 우리에게는 사소한 것들이 더 중요하며 어마어마한 질문들은 실제로 삶에 영향을 주지 않는 경우도 많다. 그러나 진지하게 형성된 세계의 진위에 관한 의심은 다른 모든 질문을 사소하게 만든다. 천국을 믿는 까닭에

병든 자식의 치료를 거부하고, 구원을 믿기에 집단자살을 시도하며, 신의 명령을 믿기에 테러를 가하는 사례들은, 현실 세계가 참된 세계가 아니라는 그런 판단과 믿음에 기초하고 있다.

사실 세계의 진실성에 대한 의심은 보통 사람에게는 터무니없이 느껴진다. 세계는 물리적으로 확고하게 우리 눈앞에 존재하고 있으므로, 감각이나 판단의 정확성에 대해 어느 정도 의심을 할 수는 있지만, 현실 세계가 아예 통째로 허위라는 것은 사람들의 일반적인 회의의 범위를 한참 벗어나 있다. 길을 걸으면 많은 사람이 내 곁을 지나쳐간다. 그들은 가짜가 아니다. 그들은 지척에서 언제라도 나와 물리적, 사회적 관계를 맺을 수 있다. 나와 부딪힐 수도 있으며 손을 잡고 인사할 수도 있다. 대지는 내 몸과 환경을 버티고 있고, 건물들은 지평선에 대한 시야를 가리며 저 앞에 서 있다. 온몸의 감각은 내가 지금 살아 있음을 말하고, 기억은 과거를 생생하게 비추며, 미래는 시시각각 다가온다.

하지만 그런 회의가 구원에 대한 희구希求에 기대어 끊임없이 재생산되고 있다면? 현실 세계의 유일성에 대한 의심이 이 세계 너머에 참된 세계가 있었으면 하는 소망에 뒷받침되고 있다면? 많은 경우 의심은 소망과 연결되어 있다. 예를 들어, 자녀의 학업성적이 아무리 시원찮아도 나는 아이의 잠재력이 아직 발휘되지 않았다고 생각한다. 여론조사는 지지하는 대통령 후보가 당선될 가능성이 희박하다고 해도, 나는 여론조사가 조작되지는 않았을까 하고 의심한다. 의심이 소망의 지지를 받으면서 현실 세계의 상실과 절망에 대한 구원의 희망은 세계 자체에 대한 의심을 강화한다.

절망에서 벗어나기 위한 희망으로서의 이런 의심이 사회적으로 소외된 사람들만의 것으로 생각할 수도 있다. 하지만 성공한 사람들도 종교를 믿으며 다른 세상을 꿈꾼다. 만일 현실 세계만이 유일한 세계라면 우리에게는 무엇이 남게 될까? 이 세계는 지배와 승리의 욕망으로 가득 찬 인간의 자아가 충돌하는 곳이며, 성공했다는 환희와 실패했다는 아픔이 교차하는 곳이다. 나는, 그리고 이 세계는 규범의 제한과 능력의 한계와 의미의 한정성에 갇혀 있다. 욕구의 충족과 에고의 만족이 현실 세계의 본질이다. 그러나 어떤 충족과 성공을 거둬도, 나의 구원은 이 세계에서 찾을 수 없다는 사실을 부인하지 못한다. 나는 늘 나의 보잘것없음에 직면한다. 참된 세계의 가능성마저 없다면, 우리는 욕망의 심연, 사소함의 심연, 끝없는 절망의 심연에 빠져들 수밖에 없을지 모른다. 다른 세계에 대한 환상이나 소망이 우리 곁을 떠나지 않는 이유는 바로 이런 현실에 있다.

물론 이런 생각에 반대하는 사람도 많다. 과학기술과 근대지식을 갖춘 현대인은 이 세계의 유일성, 지금의 삶 너머에 또 다른 삶이 없다는 사실을 인정하면서도 절망하거나 구원을 바라지 않고 살아간다고 생각할 수 있다. 그러나 현대인의 양자역학에 대한 환호는 어떻게 받아들여야 할까? 슈뢰딩거의 고양이나 이중 슬릿의 실험, 파동함수와 불확정성 이론에 대한 설명을 다 이해하지 못하면서도 우리는 양자역학을 통해 희망의 빛을 발견한다. 양자역학적으로 세계는 수많은 다른 세계의 가능성이 있다고 한다. 우리는 그런 주장이나 이론에서 자유와 희망을 느끼지 않는가. 옴짝달싹할 수 없이 자아를 몰아세우는 현실 세계도 무한한 가능성의 하나일 뿐이며, 양자역학적 세계라면 다를 수 있을 것이라는 희망이 우리 내면 깊숙한 곳에 신선한 자유의 느낌을 주지 않는가.

사람들이 다른 세계에 대한 사고와 욕망을 마음에 품고 있다면, 꼭 철학자가 아니더라도 그런 생각 끝에 형이상학적 실재론이나 관념론, 반실재론에 이를 수 있을 것이다. 인간의 본질에 숨겨진 형이상학적 욕구에 기초한 그런 생각은 철학자의 직업병이라기보다는 인간인 이상 가질 수밖에 없는 인간의 직업병이라 할 수 있다. 인간만이 미래를 향한 소망을 가지며, 인간만이 소망을 가능하게 한 사고를 하며 살아간다. 그리고 사고는 이제 사고를 가능하게 한 세계 자체를 의심하기에 이른 것이다.

**

참된 세계, 실재에 관한 간단한 대답은 우리가 사는 이 현실 세계가 유일한 실재이며, 우리는 실재 그대로 인식하고 경험하며 살아간다는 소박실재론이다. 반대로 형이상학적 실재론은 우리가 사는 이 세계가 아니라 그 자체로 있는 다른 세계가 존재하며, 현실 세계는 의식에 의하여 왜곡된 허위의 세계라고 주장한다. 형이상학적 실재론에 따르면 우리 세계가 아닌 참된 실재가 따로 존재한다.

실재론의 반대편에는, 실재는 소박한 실재든 형이상학적 실재든 확정적인 실재는 없고 오로지 의식이 세계를 구성해 낼 뿐이라는 반실재론이 있다. 반실재론에 따르면 세계는 우리 마음이 인식과 사고의 방식을 통해, 즉 언어와 개념으로 세계를 만들어낸다.

소박실재론은 당장 관념론의 공세를 피할 수 없다. 일단 사람들의 의식에 나타나는 것은 의식 바깥에 존재하는 사물 자체가 아니라 사물에 관한 지각의 내용에 불과하다. 우리의 지각이 바깥 사물의 존재를 알게 하는 것인데, 지각의 내용이 바깥의 사물과 일치하는지는 확인할 수 없다. 지각 경험은 지각기관과 지각의 대상 및 내용으로 이루어지므로, 사물과 세계가 있는 그대로 경험된다는 주장은 그러한 지각 경험의 과정이나 인식의 과정을 모르는 소박한 수준의 사고에 불과할 뿐이다.

그런 비판을 계속해 가다 보면 극단적으로는 외부의 사물을 우리가 받아들이는 게 아니라 인간의 의식작용이 사물들에 대한 관념을 만들어낸 것이라는 버클리식 관념론에 이르기도 한다. 의식만이 남고 외부 세계는 존재하지 않게 되는 셈인데, 불교의 유식唯識사상도 오직 인식만이 남게 되는 유사한 결론에 이른다.

반실재론자들은 고정된 실재라는 것은 없으며, 인간의 의식과 언어체계가 세계를 만들어 낼 뿐이라 주장한다. 우리의 의식과 마음에서 벗어난 세계로서의 실재란 존재하지 않으며, 우리가 경험하는 세계는 마음이 만들어내는 것으로서, 경험 너머 또는 경험 이전의 세계는 마음에 재료를 공급하는 것에 불과한데, 일종의 반죽 덩어리를 제공해서 마음이 세계를 만들게 한다. 따라서 우리의 마음을 떠나 그 자체로 있는 것은 없으며, 모두 인간 주관主觀의 구성품에 지나지 않는다.

반실재론자인 로티는 이런 관점에 기초하여 극단적으로 이렇게까지 말한다.

> 세계는 말하지 않는다. 오직 우리가 말할 뿐이다. 세계는 그 자신만으로는, 다시 말해 인간존재의 기술 활동의 도움을 받지 않고서는 존재할 수 없다.[72]

---

72) 배식한, 『반실재론을 넘어서 (퍼트남과 데이빗슨의 제3의 길)』, 2007, 62~63쪽에서 재인용.

관념론이나 반실재론은 객관과 주관의 힘겨루기에서 주관의 손을 들어준다. 외적 실재에 대한 내적 관념의 우위를 주장하는 그러한 사고는 인간이 주체적이며 자발적이라는 생각을 조금이라도 더 할 수 있도록 해준다. 마음과 의식주관을 강조함으로써 설령 가상적이라 하더라도 우리는 자유를 더 누린다고 느끼게 된다. 이 점에서 반실재론은 형이상학적 실재론과 마찬가지로 현세를 살아가는 우리의 답답함을 조금이나마 해소해준다. 형이상학적 실재론이 이데아나 천국을 제시함으로써 현실을 살아갈 동력과 의미를 찾도록 해주듯이, 반실재론은 그보다는 못해도 여전히 우리에게 희망과 자유를 남겨준다. 우리가 현실에서 겪는 자아의 보잘것없음이 우리가 가진 전부는 아니라고 말하는 셈이다.

*
**

다른 세계나 참된 세계가 존재한다면 그곳은 어떤 모습일까?

혼동은 여기에서 발생한다. 그 세계가 어떤 모습의 세계인지를 물을 때 우리는 형태를 비롯한 그곳의 속성을 지각기관을 통해 인식할 수 있다고 전제하게 된다. 다른 세계의 존재를 인식하기 위해서는 그곳이 '어떻게' 또는 '어떤 모습으로' 존재하는지를 알아야 해서 그렇게 묻는 것인데, 그 질문의 전제는 참된 세계의 개념에 들어 있는 암묵적 가정과 어긋나게 된다.

즉, 우리는 다른 세계나 참된 세계의 존재 여부를 물을 때 그곳을 우리가 경험할 수 없다고 암묵적으로 가정하였다. 생각은 할 수 있지만 경험할 수는 없는 세계라 전제하였기에 우리는 그곳의 존재 가능성에 관한 질문을 한 것이다. 그곳이 경험이 가능한 세계라면 존재 가능성에 관한 질문을 하기보다는 차라리 그곳을 찾아 나섰을 터이기에 이것은 당연한 가정이라 할 수 있다.[73]

경험할 수 없는 세계의 의미는 '경험 자체는 가능한데 아직 경험하지 못해서 존재 여부를 모르는 세계'와 '경험 자체가 불가능하고 존재 여부도 모르는 세계'로 구분될 수 있다. 즉 경험 불가능의 의미로서, 칸트의 주장처럼 인식을 넘어 경험할 수 없다는 뜻과 인식할 수는 있지만 다만 어디 있는지 모르거나 어떻게 찾아갈지 몰라서, 즉 시간적, 공간적 한계로 인해 아직 경험하지 못했다는 뜻이 있을 수 있다.

예를 들어 유럽인이 신대륙을 발견하기 전에 그곳까지 찾아갈 항해 능력이 없었다면 신대륙은 아직 경험하지 못한 미지의 세계이고 경험 불가능한 세계라고 할 수 있다. 그 경우는 경험의 대상이기는 하지만 실제 경험에 이를 능력이 부족한 경우이다.

---

[73] 전통적인 의미에서의 영혼을 믿는 사람은 사후에 영혼이 실재를 경험할 수 있다고 생각할 수 있겠으나, 이 책은 영혼을 믿는 종교인을 상대로 한 것은 아님을 밝혀 둔다.

있을지도 모를 신대륙에 관하여 사람들이 얘기한다면 아직 경험하지 못하였으므로 추측에 기초해서 어떤 사람과 동물이 살고 있으며 토양은 어떠할 것인지 얘기할 것이다. 신대륙이 경험이 가능한 세계임을 전제로 존재 여부를 논하는 것이다.

이에 반해 실재나 참된 세계는 인식능력을 넘는 세계로서 경험 자체가 아예 불가능한 세계로 가정되어 있다. 그런 암묵적 가정이 들어 있는 이유는, 경험이 가능한 세계는 경험함과 동시에 같은 질문, 그것이 실재인지 하는 질문을 그대로 남기기 때문이다. 다시 말해 우리가 현실 세계에서 거주하면서도 그 실재성에 대해 의문을 가지는 것처럼, 실재라고 주장되는 세계는 경험되는 순간 실재성에 대한 의문을 남길 수밖에 없는데, 그 이유는 참됨에 대한 절대적 확신은 경험만으로는 생길 수 없기 때문이다. 즉 세계는 경험됨으로써 참된 세계인지 하는 의심을 끌어내게 된다.

경험이 오히려 실재성에 대한 의문을 남기게 되는 이런 모순은 실재는 경험할 수 없는 세계라는 가정에서 벗어나려 할 때마다 발생하게 된다. 즉 실재의 내용을 우리의 경험에 따라 보충하려 할 때마다 그것이 실재인지에 대한 의문이 항상 남게 된다. 따라서 실재는 신대륙과 같이 찾아갈 수 있는 능력의 부족으로 경험할 수 없는 경우가 아니라 우리의 인식능력을 넘기에 경험할 수 없는 경우로서, 경험이나 추측의 대상이 아니라 단지 사유의 대상으로 남는다.

추측의 대상도 되지 않는 이유는, 추측의 내용은 경험이 가능한 내용을 담게 되고 경험 불가능한 내용은 추측의 내용에도 포함할 수 없기 때문이다. 물론 사유의 대상이 되는 부분도 '어떻게'가 아니라 '존재 여부'에 대한 것뿐이다. 즉 사유의 대상으로서의 참된 세계는 인식의 형식을 넘어서 있으므로 우리는 '어떻게'라는 말을 할 수가 없다. 우리가 '어떻게'라고 말할 때는 우리의 경험 형식에 따라 '어떻게'를 묻고 있기 때문이다.

그러므로 실재에 관한 질문은, 경험할 수 없는 세계, 지각이나 인식의 대상이 아닌 세계에 대해서 오직 존재 여부만을 묻게 된다. 다른 세계나 참된 세계는 그 존재 여부는 질문과 사유의 대상이지만, 존재 여부를 경험으로 알 수는 없으며 존재 방법도 경험의 대상이 될 수 없는 세계이다. 따라서 참된 세계는 어떤 모습일까 하는 질문은 지각으로 인식 불가능하다는 숨은 가정까지 포함하여 표현하면 다음과 같은 질문이 된다. "우리의 인식과 경험으로 그 모습을 알 수 없는 참된 세계의 모습은 어떤 모습일까?" 이 질문은 질문 자체로 답이 명백해 보인다. "우리가 알 수 없는 것을 알 수 있나?" 하고 물은 것이기 때문이다.

이런 생각과 달리 우리가 사는 경험 세계는 참된 실재가 아니지만, 신비주의 체험을 통해 있는 그대로의 실재를 인식할 수 있다는 견해도 물론 있다. 불교에서는 오랜 참선으로 있는 그대로의 실재를 경험할 수 있다고 말하며, 또 기독교나 유대교 신비주의에서도 신과 합일함으로써 실재를 경험한다고 말한다. 신비주의 체험자들은 말로 표현할 수 없는 그 체험을 통해 실재와 접촉했다고 믿는다.

그러나 그런 체험의 존재 여부를 떠나, 우리가 '경험'한 있는 그대로의 세계나 실재로서의 신은 여전히 우리에게 있는 그대로라는 것이 무엇인지, 참된 것이 무엇인지에 대한 똑같은 질문을 한 톨도 빼놓지 않고 그대로 돌려준다.[74] 우리가 믿음이나 신앙을 염두에 두지 않으면, 우리가 의문을 억압하지 않는다면, 우리는 그곳을 경험하자마자 그 세계가 실재인가 하는 의문을 그대로 유지하게 된다. 경험된 곳이 참된 실재임을 절대적으로 확증하는 방법은 없기 때문이다.[75] 질문은 여전히 남게 된다. 이곳이 정말로 실재일까, 다른 세계가 더 있지는 않나 하고 말이다. 그러므로 실재를 인식했다는 주장은, 비유적이 아닌 말 그대로의 뜻으로 주장하는 것이라면, 같은 질문을 반복하게 만드는 것에 불과하다.

즉, 실재나 다른 세계가 있다면 우리는 그것을 지각이나 경험

---

74) 그 체험이 실재의 체험인지에 관한 문제에 있어서 그렇다는 뜻이다. 신비주의 체험이 실재를 경험한 것인지를 떠나 자아의 부정적 측면을 해소하는 데 있어 어떤 의미가 있는지, 현대의 허무주의 극복에 있어서 어떤 발전적 함의를 가지는지는 3장 참조.

75) 1장에서 소개한 로티의 주장처럼, 사회문화적으로 그것을 참된 실재라고 승인하는 방법 외에 절대적으로 참되다는 것을 인정할 방법은 없을 것이다.

으로 인식할 수 없다. 다른 세계나 참된 세계는 지각과 경험으로 인식할 수 없기에 의미를 갖는 세계이다. 이처럼 다른 세계가 인식 불가능하다면, 그 세계에 대한 사고는 그곳으로부터 얻어진 것이 아니라 우리 세계에서의 지식과 경험을 투영한 사고라는 뜻이 된다.

비유적으로 말한 실재로서의 새장 바깥은 우리의 사고, 즉 새장 안의 사고가 투영한 세계이다. 새장 바깥이 우리 사고의 투영이라면 그곳은 우리 스스로 창조한 장소이며 새장이라는 바깥 세상과의 경계 또한 우리의 창작물이다. 우리는 새장을 만들어 스스로 갇힌 셈이다. 우리는 새장을 만들고 나서 철학이라는 날갯짓으로 새장 바깥과 새장의 본질을 탐색한다. 따라서 철학은 우리가 만들어낸 의미의 세계와 의미의 경계로서의 새장과 그 바깥을 탐색하는 활동이 된다.

**

우리가 참된 세계를 지각이나 경험으로 인식할 수 없고 현실 세계와 같은지 다른지도 확인할 수 없다면, 실재에 대해 논의할 수는 있는지, 논의한다는 것에 무슨 의미가 있는지 의문이 들 수밖에 없다.

당장 논의 자체에 대한 반론이 있을 수 있는데, 그 세계는 경험할 수 없는 세계이므로 그곳이 있는지 없는지를 논하는 것 자체가 잘못되었다는 주장이 있을 수 있다. 대표적으로 칸트는 『순수이성비판』에서 감성과 지성의 형식 너머에 있는 인식 바깥은 논할 수 없다고 말하고 있다. 세계는 감성과 지성의 형식 내의 세계로서 우리의 관점 안에서의 세계일 뿐이다. 우리는 절대적 관점을 가질 수 없으므로 물 자체에 대해서는 그저 침묵할 수밖에 없다는 것이다.

그러나 경험 불가능하다고 전제되었다면 실재는 경험할 수 없음이 당연하다 할 수 있다. 경험할 수 없는 세계는 그곳이 존재하는지, 어떤 세계인지를 경험으로 판가름할 수 없다. 경험할 수 없는 세계이므로 경험에 따라 결론이 달라지지 않는 것이다. 따라서 경험하지 못했으니 논할 수 없다는 주장은 경험 불가능한 세계라는 바로 그 전제를 무너뜨리는 주장이다. 경험하지 못했으니 말할 수 없다는 그 주장은 경험할 수 '있는' 대상에 대해서만 할 수 있다. 그러므로 경험 불가능한 세계의 존재 여부는 경험에서 벗어나 논해야 한다.

물론 물 자체라 표현된 인식 바깥세상에 대한 '인식의 내용' 자체는 논의할 수 없음이 당연하다. 인식 바깥의 내용은 인식할 수 없는 부분으로서 상상조차 할 수 없고 개념조차 가질 수 없기 때문이다. 그것은 인식할 수 없다고 이미 전제된 부분이다. 그러나 인식 대상적 내용에 대해서 논의할 수는 없지만, 인식 바깥이 있느냐의 문제는 논의할 수 있으며 논의해야 마땅하다. 우리 세계의 관점에서 인식 바깥이라는 곳이 존재하는지, 그곳이 실재인지의 문제이기 때문이다. 즉, 실재를 논하면서 동원되는 개념과 논리들은 모두 우리 세계의 것이며, 실재라는 세계에서 온 것이 아니다. 실재를 논함은 실재라는 인식 바깥의 세계에 대한 우리 세계 내의 논의일 뿐이다.

참된 세계는 경험 불가능한 세상으로서 경험 여부로 존재 여부를 판가름할 수 없으므로 결국 사유에 속하는 문제이다. 경험할 수는 없지만 있을지도 모른다고 우리가 가정한 세계이므로 얼마든지 논의할 수 있으며, 그런 가정이 우리 세계의 논리로 모순되고 옳지 않다면 그곳은 존재하지 않는다고 할 수밖에 없다. 물론 사유도 경험의 일종이라고 하는 반론도 가능하겠지만, 사유를 내적인 경험이라 해도 지각을 통한 경험과 다르다는 사실에는 변함이 없다. 또 사유의 대상이기만 해도 존재한다고 말한다면 존재 여부는 따질 필요조차 없다. 실재이든 물 자체이든 신이든 유니콘이든 사유 대상인 모든 것이 존재하게 되기 때문이다.

참된 세계는 사유의 세계에 속해 있으므로 우리는 사유로써 존재 여부를 결론지어야 한다. 사유에 의한다는 말은 경험 불가능한 세계를 만들어낸 우리의 사유를 점검하여 경험 너머의 세계가 존재라는 개념에 포섭될 수 있는지 논리적 결론을 내려야 한다는 뜻이다. 즉 사유를 점검한다는 뜻은 논리와 개념을 통해 존재 여부를 판가름해야 한다는 뜻이 된다. 경험할 수 없는 세계의 존재는 경험이 아니라 사유에 의해서만 결론지어야 하며, 오직 사유의 대상이다. 또 사유의 내용 역시 그 세계의 존재 모습이 아니라 오로지 존재 자체일 뿐이다.

이 지점에서 우리는 실재나 물 자체가 세계를 극도로 단순화시킨 텅 빈 개념에 불과함을 알 수 있다. 세계는 물리적 세계임과 동시에 언어적, 의미적, 공동체적 연결망 속에 있음에도 불구하고 실재를 말할 때는 그 모든 내용과 전제들을 제거해 버린 다음 세계를 극한으로 추상화시켜 그 존재만을 논의하고 있기 때문이다. 속성을 모두 지워낸 실체의 개념은 공허할 수밖에 없다. 어떤 것에 관해 논할 때는 개념과 속성을 논해야 하는데, 속성을 모두 제거하면 이름만 남는 셈이다. 이 점이 바로 헤겔이 물 자체야말로 가장 알기 쉬운 대상이라고 주장하는 이유다.

> 물 자체라는 것은 대상에 관한 모든 의식, 즉 모든 감정 규정이나, 또는 모든 구체적 사상을 추상하는 한에 있어서 대상을 표현하는 말이다. 그러나 그리고 난 뒤에 무엇이 남을까? 이것을 알기는 쉽다. 즉 완전한 추상, 완전한 공허, 오직 피안이라고밖에 규정할 수 없는 것, 결국 표상이나 감정이나 특정한 사상이나 기타 등등의 부정에 불과한 것만이 남는다.[76]

---

76) G. 헤겔, 「논리학」, 전원배 옮김, 서문당, 1978, 149쪽

나아가 속성을 말할 수 없는데도 물 자체나 실재라고 할 때는 인식 바깥에 이 세계보다 참된 무엇인가가 존재하는 듯한 뉘앙스를 지닌다. 실재에 관한 사유가 왜 생겨났을지 생각해 보면 이유는 간단하다 할 수 있다. 우리가 사는 이 세계의 근거로서의 실재나 현실 세계보다 더 가치 있는 실재가 아니라면 무슨 의미가 있겠는가. 존재하든 존재하지 않든, 우리가 내용도 모르는 실재에 관한 사고를 하는 이유는 경험 세계의 초월적 근거를 원하기 때문이다. 경험 너머의 신이 경험 세계의 기원인 빅뱅의 존재근거가 되어야 하는 것과 마찬가지로, 실재가 세계의 근거로서 참모습이라고 사실상 주장하면서도, 더는 논할 수 없다고 주장함으로써 그 가치를 훼손하지 말라 함이다.

이처럼 실재를 논의할 수 없다는 주장은 경험과 사유에 대한 혼동과 모순에 싸여 있다. 또 논의할 수 없다면서도 사실상 최고의 가치라 주장함으로써 스스로 오류임을 선언하고 있는 것이다.

*
**

우리는 경험 세계 내에서의 시공간적 존재를 문제 삼으며 살아간다. 대부분 우리에게 문제 되는 것들은 경험 세계 내의 존재자들이 주는 의미이다. 그런데 고대 그리스 이래 존재론은 물리적 존재 외에도 물리적 존재의 존재근거에 대해서도 존재론의 영역에서 논의하였고, 중세에도 경험 너머에 있는 신의 존재와 증명 가능성이 논쟁의 대상이 되어 왔다. 이런 점에서 우리는 약간의 개념적 혼란에 빠지게 된다.

경험 세계에서의 존재와 경험 세계 너머의 존재는 명백히 다름에도 불구하고 우리는 그것들이 하나의 존재 개념에 포함되는 것처럼 말한다. 하지만 경험 세계 밖의 존재도 존재의 개념으로 받아들이면, 우리는 두 가지 대립하는 존재 개념을 가져야 마땅하다. 현실 세계, 경험 세계에서의 존재와 경험 세계를 벗어난 존재, 즉 사유의 세계에서의 존재라는 개념이다. '경험 속의 존재'와 '경험 밖의 존재 혹은 사유 속의 존재'이다.

물론 존재 개념이 본래는 경험에서 발생하여 나중에 추상적, 관념적 의미로 나아갔음을 부정할 수는 없을 것이다. 그렇다 하더라도 눈앞에 높여 있는 책상이나 컴퓨터의 존재에서의 존재 의미와 눈에 보이지 않는 신의 존재에서의 존재 의미는 전혀 다를 수밖에 없다. 그런 뜻에서 보자면 경험을 배제한 개념인 실재는 경험적 존재의 측면에서는 존재하지 않는다고 해야 옳다. 실재는 경험이 가능한 영역에서는 존재하지 않는 세계이기 때문이다. 경험적 인식의 대상이 아닌 그 세계는 경험적으로는 존재하지 않는다.

사실 존재라는 말은 지각 경험을 통해 인식한 대상에 붙인 일종의 꼬리표라 할 수 있다. 그러나 존재의 근거와 원인을 추구한 끝에 우리는 현상적 존재들의 근거로서 제1 근거라거나 실재라는 개념을 사유해냈다. 그러므로 경험 세계의 근거가 아닌 실재는 별 의미가 없다고 말할 수 있다. 즉, 실재는 경험 세계의 근거로서 기능하기 위하여 고안된 개념이며, 경험을 가능하게 하지만 경험할 수는 없는 어떤 것이다.

실재는 경험되는 순간 실재가 아니게 된다는 사실만으로도 사유 속의 대상이다. 우리는 경험하자마자 경험된 실재를 실재로서 인정하지 않고 경험 너머의 실재를 사유하게 되기 때문이다. 실재가 사유 속에서 존재한다고 함은 논의의 대상이 되고 사유의 대상이 된다는 뜻에 불과하다. 실재는 경험의 대상으로서가 아니라 사유와 논의의 대상으로서 존재한다. 사실 물 자체는 있지만 인식할 수 없는 것이 아니라, 물 자체는 사유할 수는 있지만 존재하지는 않는다고 해야 옳을 것이다.

*
**

참된 세계의 존재를 부정하는 반실재론은 현실 세계를 실재로서 바라보되, 실재인 이 세계가 우리의 주관에 의해 구성된다고 생각하며, 특히 언어와 개념으로 세계를 형성한다고 본다. 반실재론의 실재는 형이상학적 실재나 참된 세계로서의 실재가 아니라 지금 우리가 사는 현실 세계로서, 고정되어 있지 않은 원재료를 사용해서 우리 스스로 빚어낸 세계이다. 반실재론에 따르면 의식과 마음에서 벗어난 실재는 존재하지 않으며, 현실 세계는 일종의 반죽 덩어리를 사용하여 마음이 만들어낸 것이다. 그러므로 우리와 다른 주체들은 같은 원재료, 같은 반죽 덩어리를 가지고도 우리와는 다른 실재를 구성하여 그곳에서 살아가게 된다.

그러나 더 생각해 보면 '다른 주체들이 만든 실재'라는 개념 자체가 바로 우리 주관이 사용하는 개념이라는 사실을 피할 수 없다. 즉 '실재'는 우리가 만들어낸 개념으로서, 실재에 관하여 말할 때 사용되는 다른 모든 개념, 현상, 본질, 인과관계, 인식 등등과 연결된 개념이며, 또 실재에 관한 논의들은 전부 문장이나 명제의 형태로서 언어의 법칙을 따르고 있다. 따라서 우리가 실재를 얘기할 때만 그런 상호연관성에서 벗어나야 할 이유가 없으며 벗어날 수도 없다. 실재에 관한 사유는 우리의 형이상학적 사유 전체이므로 관련 개념의 뒷받침 없는 실재 개념은 존재할 수조차 없다.

세계는 거대한 네트워크로 존재하는데 실재를 논할 때만 단순한 이름 하나만을 가지고 얘기할 수는 없다는 뜻이다. 따라서 세계나 실재는 이 세계가 유일할 수밖에 없다. 이름뿐인 저 너머의 세계는 세계가 아니고 반죽 덩어리도 세계가 아니며, 반죽 덩어리가 만들 우리가 알 수 없는 그것도 세계가 아니다. 이것은 인간만이 세계에서 살아간다는 오만한 생각이 아니라, 세계나 실재가 우리의 의미망 속에 있는, 사고체계 내의 문제라는 뜻이다.

그러니 반죽 덩어리를 따질 필요도 없고 저 너머의 세계를 따질 필요도 없다. 그것들은 우리가 새장 안의 시각으로 투영한 새장 바깥에 불과하다. 우리는 우리의 그림자인 바깥세상에 우리 세계의 속성을 입힐 수 있다. 고정된 세계라든가 반죽 덩어리의 세계라던가 하는 그런 속성을 부여할 수 있다. 고정됨, 반죽 덩어리 등등의 속성은 우리 세계 내의 속성들이다. 사실 실재를 가정하려면 이 세계의 속성을 벗겨내야 하는데, 대부분 다 벗겨내지 못하고 일부만을 제거하기에 그친다. 따라서 현실 세계의 속성을 대체로 보유한 실재가 등장하게 되는데, 이것은 영화 속 외계인들이 대부분 속성을 우리와 공유하는 것과 유사하다. 그들은 귀가 크다거나 팔다리가 여러 개일 뿐 사고와 행동 방식은 우리의 것을 그대로 따른다.

세계와 실재는 우리의 언어적 개념이다. 반죽 덩어리도 마찬가지이다. 우리의 인식형식 외에 더 있을 것 같은 다른 파악 수단이나 다른 가능성 역시 우리가 생각해낸 것이다. 반죽 덩어리로부터 끌어낼 수 있는 다른 실재의 가능성은 모두 우리의 사고로부터 비롯되었다. 즉, 모두 우리 세계 내적이며, 우리가 만들어낸 가능성이다. 우리가 상상으로 또는 논리적 사유로 끌어내는 다른 세계는 모두 우리의 그림자이다.

결국, 우리를 넘어선 세계나 우리 이전의 세계는 없다. 그렇게 가정된 세계 역시 우리가 만들어냈기 때문이다. 모두 이 세계 내의 문제이다. 우리 이전에는 세계가 없으며, 우리를 넘어서서는 있고 없음도 논할 수 없다. 이것은 세계가 우리에게 의존하여 존재한다거나 우리의 의식이 사물을 만들어냈다는 뜻이 아니라 세계와 실재를 논하는 문제가 우리 사고 내의 문제라는 뜻이다. 우리 사고 바깥에 존재하는 실재나 세계는 우리가 부여한 모든 의미를 제거한 것으로서 말하자면 무의미에 불과하다.

반죽 덩어리를 주장하는 견해에 따르면, 우리의 언어는 재료인 반죽 덩어리로 우리의 세계를 만들어 낼 능력을 갖췄고, 따라서 다른 수단을 가진 주체들은 다른 세계를 만들어내리라 생각한다. 하지만, 우리가 개념적으로 역행하여 만들어낸 반죽 덩어리는 다른 세계의 가능성을 모두 차단하고 있다. 그 반죽 덩어리는 이미 세계형성을 위한 모든 개념이 녹아 있는 반죽 덩어리이다. 재료와 구성과 인식주체와 형식과 언어 등등 세계형성을 위한 개념이 전부 스며들어 있는 반죽 덩어리인 셈이다. 그 반죽 덩어리를 사용할 주체들은 바로 우리이다. 그 개념을 사용하고 이해하는 주체가 우리이기 때문이다.

세계는 이미 언어적 개념이고 다른 모든 단어도 마찬가지이다. 그런데도 개념화되지 않는 반죽 덩어리, 순수한 반죽 덩어리라는 개념은 가능한가? 그것은 마치 반죽 덩어리로 있다가 우리 세계가 아닌 다른 세계로 방향을 트는 것도 가능한 것처럼 들린다. 그러나 반죽 덩어리는 이 세계로부터 역행해서 개념화한 것으로서, 세계 이전은 세계를 전제로 한 것이다. 세계가 없으면 반죽 덩어리도 존재할 수 없으며, 따라서 반죽 덩어리는 오직 이 세계가 되기 위한 반죽 덩어리일 뿐이다.

반실재론과 조금 다른 뉘앙스로 내재적 실재론을 주장하는 현대철학자 퍼트남은 세계가 어떤 대상들로 이루어져 있나 하는 질문은 오직 한 이론 내에서만 의미 있는 질문이 된다고 한다. 내재적 실재론은 인간 정신과 무관한 실재는 없으며, 인간 독립적인 실재에 관한 주장은 결함을 지닐 수밖에 없다고 주장한다.[77] [78] 퍼트남에 따르면 "우리가 실재라고 부르는 것 속에는 우

---

77) 배식한, 『반실재론을 넘어서 (퍼트남과 데이빗슨의 제3의 길)』, 2007, 71쪽 이하, 이상원, 「내재적 실재론과 비실재론」, 철학 논집 제34집, 2013년 8월, 219쪽 이하 참조.

78) 참고로 퍼트남의 견해와 조금 다른 굿먼(N. Goodman)의 비실재론은, 세계는 서로 다른 구성 버전에 따라 복수의 세계를 구성하게 되므로 세계는 유일할 필요가 없다고 한다. 굿먼 역시 세계는 이미 만들어져 있다가 어느 시점에 인간이 발견해내는 것이라는 관념을 비판한다. (이상원, 「내재적 실재론과 비실재론」, 232쪽 이하, 힐러리 퍼트남, 『과학주의 철학을 넘어서』, 원만희 옮김, 철학과현실사, 1998, 149쪽 이하 참조)
하지만 질문이 세계가 우리의 세계구성으로부터 자유로운 것인지, 우리의 정신과 개념에 독립적인지를 묻는 것이라면, 그것은 질문의 대상인 세계가 어떤 세계인지, 정신 독립적인 세계인지, 정신 의존적인 세계인지를 따지고 나면 무의미한 질문이 될 수 있다. 다시 말해 우리가 개념 적용 이전의 세계에 관해 묻는다면 '개념 적용 이전의 세계는 개념에 독립적인가?' 하는 질문이 되고, 개념 적용 이후의 세계를 묻는다면 '개념 적용 이후의 세계는 개념에 독립적인가?'의 질문이 된다. 그 점에서 우리는 개념이 적용된 세계를 세계라 부를 것인지 그 이전의 세계를 세계라 부를 것인지부터 정할 필요가 있을 것 같다. 인간 정신과 무관한 실재는 없다는 주장은 첫 번째 관점으로 세계를 규정하고 있으므로, '인간 정신(개념)이 적용된 세계는 인간 정신과 무관할 수 없다'라는 동어반복적인 주장을 하는 셈이 된다.

리가 언어 또는 마음이라고 부르는 것의 요소들이 너무도 깊게 배어 있기에 우리 자신을 언어 독립적인 어떤 것의 지도를 그리는 자로 표상하는 그런 기획은 처음부터 치명적인 손상을 입을 수밖에 없다."라고 한다.

세계를 만들어내는 이론이 오직 하나뿐이라면, 또 세계라는 개념 자체가 우리 마음이 만들어낸 것이라면, 우리 아닌 다른 주체가 어떤 세계를 구성할 가능성은 사라진다. 세계 개념 자체도 하나의 이론이나 세계관이 만들어낸 것에 불과하여 그 이론이나 세계관에 포함되어 버리면, 이론이나 세계관 없이는 세계의 내용뿐만 아니라 세계 자체가 존재하지 않게 된다.

그래도 반죽 덩어리가 우리 세계와는 전혀 다른 세계가 될 가능성은 없나 하는 의문이 여전히 남는다. 그것이 우리 사고체계의 본질적인 특징이다. 아무리 깊은 사유로써 인식 너머를 제거해도 또다시 슬며시 스며드는 것이다. 그러니 거듭 생각해야 한다. 우리가 인식할 수 없는, 반죽 덩어리가 만들어 낼 다른 세계가 존재할 수 있을까?

만일 우리의 세계와는 전혀 다른 세계가 있다면 그것은 이미 세계가 아니다. 세계는 있고 없음, 사물, 주체, 의미들로 구성되

물론 형이상학적 실재론은 세계가 인간의 정신으로부터 독립된 몇몇 고정된 총체로 구성되어 있고, 세계가 존재하는 방식에 대한 하나의 참되고 완벽한 기술이 존재한다는 주장이며, 퍼트남과 굿먼의 주장은 이러한 형이상학적 실재론이 잘못임을 지적하는 이론이므로 충분히 수긍할 만한 점이 있음에는 틀림이 없다.

어 있으며, 모든 구성요소는 서로에게 존재를 빚지는 관계에 있다. 그들은 상호의존적이다. 즉, 내용이 없는 세계는 없으며, 의미가 없으면 세계도 없고 사물이 없으면 주체도 없는 관계에 있다. 따라서 우리의 세계와 전혀 다른 세계를 말하려면 이 모든 것들이 사라진 세계를 말해야 한다. 그러나 세계 자체가 구성요소들에 존재를 빚지고 있으므로 그것들이 사라진 세계는 이미 세계가 아니다.

따라서 언어와 개념이 반죽 덩어리를 원료로 하여 세계를 만들어냈으므로 반죽 덩어리가 다른 세계를 만들 가능성도 있다는 주장은, 사실은 반죽 덩어리가 가진 실제의 뜻에 반하는 주장이다. 반실재론자들이 말하는 반죽 덩어리는 오직 이 세계만을 만들어 낼 수 있는 반죽 덩어리이다. 우리는 세계 밖으로 단한 걸음도 나가지 못한다. 세계 바깥 자체가 우리의 개념이므로 나가고 못 나가고의 문제도 발생하지 않는다. 그리고 다른 세계는 우리 세계에서 빚어진 소망만을 담고 있을 뿐 세계 바깥에 대한 아무런 내용도 담고 있지 못하기에 공허한 주장이다.

이와 관련하여 언어와 개념이 세계를 만들어냈을까, 아니면 이미 존재하고 있던 세계를 지시하는 데 불과할까 하는 질문은 우스꽝스러운 질문이다. 말하고자 하는 세계가 언어와 개념이 들어 있는 세계라면 언어와 개념이 만들어낸 것이고, 언어와 개념 이전의 세계라면 그렇지 않을 뿐이다. 논리적인 세계는 논리가 만든 세계이고 개념적 세계는 개념이 만든 세계이다.

그렇다면 다른 세계라는 것은 세계 개념 하나만을 차용하고 있을 뿐 그 내용으로는 세계가 아니며 개념화해서 말할 수 있는 어떤 것도 아니다.

*
**

언어 너머, 사유 너머, 새장 바깥은 우리의 창작물이다. 비유적으로 말하면,

> 작은 새는 날갯짓으로 새장을 짓고 새장 너머를 탐색한다. 철학은 스스로 지은 새장 너머를 향한, 날갯짓 없는 세계를 향한 작은 새의 날갯짓이다.

참된 세계로서의 실재는 우리 세계의 소망, 현실 세계에 사는 우리의 사고와 염원을 반영한 것이다. 그렇다면 실재와 진리, 형이상학에 관하여 더 의미 있는 문제는, 우리가 왜 실재를 그리워하는지, 칸트가 말하듯이 왜 우리의 자연 소질이 그런 문제에 대한 궁극적인 대답을 원하는지라 할 수 있다. 그것이 실재가 인식 너머의 물 자체인지, 표현 너머의 신비적 실체인지보다 중요한 문제일 것이다.

형이상학적 실재가 삶에 가장 중요하다거나 실재를 알지 못하면서 함부로 말하지 말라는 실재에 대한 우호적 태도는 대부분 사람이 가진 태도라 할 수 있다. 칸트를 따르는 철학자들의 물자체에 관한 생각도 대단히 강고하며 많은 사람의 지지를 받고 있는데, 실재를 추구하려는 성향 자체가 인간존재의 본성에서 나온 것이라면 이유를 쉽게 알 수 있을 것 같다.

실재가 존재하는지보다 그것이 삶에 주는 의미가 더 중요하다면, 실재는 존재하지 않는다거나 무의미한 것이라는 비우호적 태도 역시 이해할 수 있을 것이다. 유물론자들처럼 물리적 세계를 실재로서 간주하거나 실용주의자들처럼 실재는 구성된 것이라 보는 경향들은, 형이상학적 실재가 아닌 현세와 역사, 공동체와 인간 자체를 최고의 가치로 보고 현실적 삶의 직접적인 변화만이 의미 있다고 생각하는 태도이다.

따지고 보면 스스로 지은 가상의 새장 너머를 그리는 작은 새의 날갯짓은 실용주의자들에게는 의미 없는 몸짓일지도 모른다. 하지만 우리가 아름답게 짓고 그리워해 왔던 새장 너머를 향한 꿈이 아무 의미를 남기지 못하고 사라져 버린다면, 우리가 트램펄린에서 시도한 수많은 도약 역시 무의미한 날갯짓이었을까? 그렇다면 날갯짓을 잃은 작은 새는 어떤 존재로 남게 될까?

존재가 낳은 무,
무에서 태어난 존재

•

작은 새는 날갯짓으로 새장을 지어
모든 존재를 새장 안에 가둔다.
철학은 새장 안 존재들의 탐색 끝에 시작된
새장 너머를 향한 작은 새의 날갯짓이다.

새장 바깥을 탐색할 수도 없고 새장 바깥이 존재할 수도 없다면 새장 안은 어떤 세계일까? 새장 안을 가득 채운 존재들은 무엇이기에 그토록 우리에게 새장 바깥을 탐색하도록 부추겼을까? 과연 존재는 무엇일까?

존재가 무엇인지 하는 질문은 서양철학 사상 가장 논하기 어려운 주제로 알려져 있으며, 아리스토텔레스는 『형이상학』에서 존재론을 제1의 철학이라 부르기까지 하였다.

> 존재 자체와 그 존재적 속성을 대상으로 하는 학문이 있어야 한다고 말한다. 여러 존재의 최고 원인을 구하는 우리의 학문(제1의 철학)은 존재를 존재로서 연구하고 그 제1의 원리를 구한다.

> 우리가 여러 존재의 원리를 묻고 최고의 원인을 구할 바에는, 분명히 그 존재들은 어떤 자연(실체)의 원인으로서, 그 자체로서 존재해야 한다.[79] [80]

---

79) 아리스토텔레스. 『형이상학』. 김천운 옮김. 동서문화사. 1978. 95쪽.
80) W. D. 로스는 형이상학이라는 최고의 단일 학문 — 특정 존재의 본성을 탐구하지 않고

하지만 아리스토텔레스는 물론이고 그 이후 철학자들의 계속되는 연구에도 불구하고, 아직도 존재의 의미는 때로는 미지의 영역에 남아 있는 것처럼 보인다. 물론 우리는 존재라는 단어를 수없이 입에 올리고 살아가며 존재에 대한 일반적인 개념도 가지고 있다. 우리는 존재하는 것들에 둘러싸여 있고 우리 자신 역시 존재자 중의 하나이다. 이렇듯 존재의 의미가 자명해 보임에도 불구하고 철학자들은 현대에 이르러서도 여전히 존재의 의미와 무엇이 존재하는지를 논하고 있다.

아리스토텔레스는 존재를 존재로서 연구해야 하는 학문의 필요성을 주장했지만, 칸트는 반대로 존재는 주어의 속성을 나타내는 참된 술어가 아니라 내용이 없는 허위의 술어라 했다. 모든 존재자가 존재한다는 점에서 보면 서로 차이점이 없으므로 존재를 주어의 속성이라 보기 어렵다는 점에서 타당하다고 할만하지만, 헤겔은 『논리학』에서 존재의 개념을 첫 단추로 삼아 변증법을 풀어나가며, 순수존재와 무의 변증법적 지양을 통해 절대자와 절대이념의 이론체계를 형성해 나간다.

존재의 철학자 하이데거는 『존재와 시간』에서 존재에 관하여 논해야 할 필요성에 대해 역설한다. 존재의 의미가 불필요한 사

존재 자체의 본성을 연구하고, 일정한 중심 원리로부터 우주의 상세한 본성을 도출해 내는 객관적인 학문 — 은 가능한지가 아리스토텔레스의 마음을 사로잡은 물음 중의 하나였다고 한다. (W. D. 로스, 『아리스토텔레스』, 김진성 옮김, 세창출판사, 2016, 269쪽 이하 참조)

족이므로 추가적인 논의가 필요 없다는 종래의 도그마를 비판하면서, 하이데거는 존재는 규정할 수 없다고 해도 여전히 그 의미에 대한 의문이 남아 있으므로 오히려 더 들여다보아야 하며, 우리는 기본적인 존재의 이해 속에 살고 있지만 존재의 의미는 아직 어둠 속 베일에 싸여 있다고 주장한다.[81]

현대 분석철학에서는 존재를 특정한 의미를 가진 술어가 아니라 프레게G. Frege가 창안한 양화사量化詞, Quantifier의 하나로 취급한다. 현대 기호논리학의 창시자이자 분석철학자인 프레게는 '모든 인간은 죽는다.', '어떤 사람은 철학자다.' 등과 같은 문장에서 '모든'과 '어떤'이라는 개념을 표현하는 표기법을 고안하여 명제의 논리적 구조를 분명히 드러내 보이도록 하였는데, 존재는 바로 '어떤'을 표현하는 양화사 — 기호 '∃'로 표시되는 — 로서, 명제함수에 적용되는 개체가 적어도 하나는 실제로 있다는 것을 뜻하게 된다.

존재의 신비를 벗겨내고 의미를 축소하려는 현대철학에서는 심지어 어떤 것이 존재하는지의 판단을 순전히 규약의 문제로 보기도 한다. 예를 들어 퍼트남은 x1, x2, x3가 구성원인 세계를 가정하면서 x1+x2, x1+x3, x2+x3, x1+x2+x3과 같은 부분전체론적인 합合에 대해서도 존재한다고 말할 수 있으며, 이것은

---

81) 하이데거, 『존재와 시간』, 1992, 11쪽 이하.

'존재한다'라는 말을 더욱 포괄적으로 사용하기로 한 것으로서, 존재의 문제는 그 합들을 하나의 개체로 간주할지 하는 규약의 문제에 불과하다고 한다.[82]

존재가 양화사의 하나이거나 임의적인 규약설정에 불과하다면 존재 자체에 대한 심각한 질문은 남지 않게 될 것이다. 우리가 진지하게 던지는 '존재란 무엇인가?'의 질문은 사실상 무의미한 질문이 된다. 양화사에 불과한 존재는 아리스토텔레스가 말한 존재의 근거로서의 의미를 상실하게 되며, 존재를 규약으로 본다면 우리는 마음대로 존재의 의미를 선택할 수 있기 때문이다.

이처럼 위대한 철학자들이 이성의 날을 세워 오래도록 탐구해 온 존재 문제는 질문 자체의 적법성부터 심각한 도전을 받는다.

*
**

우리가 사물에 대해 자세히 알고 싶을 때는 대개는 유사한 사물과의 비교에서 목적을 달성할 수 있는데, 존재에 관하여 보면 그런 비교 대상이 없다. 우리가 경험하는 세상 모든 것이 일단은 존재한다는 점에 있어서 같기 때문이다. 즉, 사물은 유사하지만 세세하게는 차이가 있는 다른 사물과 비교되면서 심층적 의미가

---

82) 힐러리 퍼트남, 『존재론 없는 윤리학』, 홍경남 옮김, 철학과 현실사, 2004, 60쪽 이하.

밝혀지는 것인데, 세계에 존재하는 모든 사물은 존재한다는 점에서 같으므로 존재는 비교 대상이 없는 셈이다.

존재의 의미를 밝히기 위해서 존재의 부정인 비존재非存在나 무無의 개념이 등장하는 이유가 바로 그런 까닭이다. 존재를 이해하기 위해 우리는 존재의 반대편 개념이라고 생각되는 비존재나 무에 대해 생각할 수밖에 없다. 이것은 삶의 개념을 알자면 죽음의 개념을 떠올려야 하는 것과 유사하기는 하다. 하지만 삶과 비교되는 죽음이라는 현상은 눈으로 직접 확인할 수 있으므로 비교가 수월하지만, 비존재나 무는 존재의 부정일 뿐 죽음과 같은 눈앞의 현상 자체는 아니므로 그 비교 역시 어려움이 예상된다.

현대철학의 양화사로서의 존재 개념이나 규약으로서의 존재 개념이 아니라 전통적인 의미에서 존재가 무엇인지를 묻는다면, 존재의 반대 개념은 이처럼 무라 할 수 있고, 따라서 우리가 존재에 관하여 물을 때는 무에 대해서도 묻고 있는 셈이다. 동전의 앞뒷면처럼 두 질문은 같은 질문의 다른 표현이라 할 수 있다. 그러나 비존재나 무 역시 존재만큼이나 비교 대상이 없으므로 존재와 무의 비교가 순환적인 되풀이가 되지는 않을까 하는 우려가 있을 수밖에 없다.

무는 사전적으로는 사물이나 현상 혹은 사실이 존재하지 않는다거나 어떤 공간을 차지하고 있는 사물이 없어 공간이 비어 있다는 뜻으로 쓰이지만, 동서양의 여러 사상가와 철학자는 그런 사전적 정의를 넘어, 또 유와 무가 단지 서로의 부정이라 생각하는 데 그치지 않고 그보다 더 밀접한 상호관계에 있음을 주장해 왔다. 즉, 동양에서는 노자, 서양에서는 헤겔이나 하이데거와 같은 사상가가 무가 유의 바탕이며 무에서 유가 발원하였다는 생각을 표현하였다.

도덕경에서 노자는 무와 유에 대해 다음과 같이 말한다.

> 무는 이 세계의 시작을 가리키고 유는 모든 만물을 통칭하여 가리킨다. 언제나 무를 가지고는 세계의 오묘한 영역을 나타내려 하고 언제나 유를 가지고는 구체적으로 보이는 영역을 나타내려 한다. 이 둘은 같이 나와 있지만 이름을 달리하는데, 같이 있다는 그것을 현묘하다고 한다. 현묘하고도 현묘하구나. 이것이 바로 온갖 것들이 들락거리는 문이로다.[83]

도덕경에 따르면, 무는 세계의 시작이며 유는 그 결과인 만물이다. 무는 눈에 보이는 세계인 유의 이면에 자리 잡은 세계의 오묘한 영역이다. 존재는 만물이며 무는 만물의 시원이라는 것으로서, 라이프니츠의 유명한 질문 "도대체 왜 없는 것이 아니라 도리어 어떤 것이 존재하는가?"에 대한 하나의 추상적 대답인

---

[83] 최진석, 『도덕경』, 2001, 21쪽.

셈이다.

도덕경은 이처럼 존재에 관한 질문에 대하여 시원적 무, 오묘한 무로 답하고 있지만, 그 대답에 구체적이고 실질적인 내용이 들어 있는 것은 아니다. 존재의 부정이 비존재이며 무이기 때문에 결국은 순환적이며, 형이상학적 이념으로서의 무를 제시하였을 뿐이다. 그러한 형이상학적인 무가 무엇인지는 여전히 미지의 영역에 남아 있다. 즉, 도덕경의 무는 단지 비어 있음이 아니라 만물의 시원이라는 형이상학적인 의미가 가득한 개념으로 제시되지만, 구체적인 내용은 받아들이는 사람 각자에게 맡겨져 있다.

시원으로서의 없음, 현묘함으로서의 없음은 도대체 무슨 뜻일까? 없음이 왜 있음의 시원인지, 없음은 왜 오묘한지에 대해 아무 설명이 없으며, 단지 있음의 근원으로서만 그려지고 있는데, 그런 있음과 없음은 일상의 경험에서 나온 것이 아니다. 우리가 경험할 수 없는 그러한 무는 사유에 의하여 등장한 것이다. 어떻게 그런 추상적 무의 개념에 이르렀을까 생각해 보면, 우리는 사물이 공간 속에 존재함을 지각하면서 사물이 없는 비어 있는 공간을 무의 개념으로 받아들이는데, 그런 사고 과정에서 시원적 무가 만물인 유를 낳은 것으로 은유할 수 있다고 가벼운 마음으로 추측해 볼 수 있다.

무가 사유에 의한 것이라는 이런 생각과는 달리, 하이데거는 라이프니츠의 질문을 뒤집어 "도대체 왜 존재자이며 오히려 무가 아닌가?"라고 물으면서 무의 경험을 통한 존재의 회복을 강조한다.[84] 하이데거는, 무는 인간의 현존재를 위하여 존재자 그 자체의 드러남을 가능하게 하는 것이라고 하면서, 무를 경험의 대상으로 보았다. 무는 존재하는 모든 것에 대한 완전한 부정으로서, 불안이라는 현존재의 근본기분 속에서 존재자가 쑥 빠져나감으로써 붙잡을 게 아무것도 없을 때, 불안이 무를 드러낸다고 한다. 불안은 우리의 말문을 막으며, 존재자 전체가 쑥 빠져나가고 곧바로 무가 밀어닥친다는 것이다.[85]

하이데거는 형이상학이 존재자로서의 존재자 성存在者 性만을 사유하여 왔기 때문에 철저히 존재를 망각하였는바, 형이상학의 근본 바탕인 존재의 비은폐성非隱蔽性으로의 복귀는 무의 경험을 통해서 이루어져야 한다고 주장한다. 무와 마찬가지로 존재에 관하여도, 존재는 사유의 산물로서의 추상적 형이상학적 개념이라기보다는 경험해야 할 대상으로서, 사유를 통해서가 아니라 불안이라는 근본기분 속에서 발견하고 경험해야 한다는 것이다.

> 불안에 대한 마음의 준비는, 오직 인간의 본질을 요구하는 그 최상의 요구를 충족시키기 위해 존재의 열린 터전

---

84) 마르틴 하이데거, 「형이상학이란 무엇인가의 들어가는 말」, 신상희 옮김, 한길사 발행 『이정표 1』, 2005, 146~147쪽.

85) 마르틴 하이데거, 「형이상학이란 무엇인가」, 신상희 옮김, 한길사 발행 『이정표 1』, 2005, 149쪽 이하.

에 내존해 있으려는 긍정적 태도다. 모든 존재자 가운데
에서 오직 인간만이 유일하게 존재의 소리에 부름을 받
아, 모든 경이로움 중의 최고의 경이로움인 '존재자가 존
재한다'는 그런 경이로움을 경험한다.[86]

하지만 무와 존재의 경험이 보통 사람의 경험은 아닐 것이므
로 당장 반론을 예상할 수 있다. 논리실증주의자 카르납R. Carnap
은 하이데거가 대상화할 수 없는 개념을 실제 대상처럼 표현함
으로써 논리적으로나 경험적으로 무의미한 주장을 한다고 강력
히 비판한 바 있다.[87] [88]
　물론 신비주의적 경험이나 어떤 특수한 정신적 상태에서 인식
대상이 사라지는 현상이 있을 수 있다. 신비주의자들은 대상이
없는 순수의식 상태의 경험을 무의 경험이라 말하기도 한다. 하

---

86) 마르틴 하이데거, 「형이상학이란 무엇인가의 나중말」, 신상희 옮김, 한길사 발행 『이정
　　표 1』, 2005, 180쪽.
87) 카르납은 하이데거의 '무'를 포함하여, 절대자, 사물 자체, 본질, 객관적인 정신, 이데아,
　　신, 존재, 비존재 등을 무의미한 용어들로 평가하였다. 카르납은 형이상학을 일종의 시
　　나 음악으로 치부하면서, 형이상학자들은 재능이 없는 음악가들이라 비꼬았다. (Russel
　　Nieli, 『Wittgenstein: From Mysticism to Ordinary Language』, 1987, 3쪽 이하 참조.
　　이에 반해 Nieli는 하이데거가 말한 무의 경험을 신비주의적 체험에 연관시킨다.)
88) 많은 하이데거 학자들은 하이데거의 주장을 따라 존재와 무의 우선성을 받아들이고 있
　　다. 예를 들어, 이기상은 인간이 '무의 자리지기'라는 하이데거의 주장에 관해 상세한
　　서술을 시도하고 있는데(이기상, 『하이데거의 존재사건학』, 서광사, 2003, 143쪽 이하
　　참조). 존재와 무가 인간의 사고에 따른 하나의 개념이라는 점을 받아들인다면, 존재와
　　무가 인간에 우선하여 존재한다고 보는 이러한 사고는 쉽게 받아들이기 어려운 측면이
　　있다.

지만 그런 경험이 전全 존재의 무의 경험일까?

우리는 무가 있어 무를 경험할까? 아니면 어떤 경험을 두고 무라 이름 붙이는 것일까? 경험 내용이 가지는 공통성이 공동체에서 확인되지 않으면, 특히나 하이데거의 무처럼 그 경험이 일상적 경험과 이해를 넘어서 있으면, 그것은 우리가 논의하는 존재나 무와는 다른 성격의 것이라 할 수 있다. 어떤 현상을 경험하고 그에 대해 규정적인 이름을 붙이는 것은 공동체 구성원들의 경험에서 일반적이고 보편적인 공통점을 추출할 수 있는 경우인데, 이처럼 보통 사람의 경험을 넘어서거나 매우 추상적인 것[89]을 경험할 때는 우리가 같은 대상을 논의하는지도 문제가 된다.

대상이 없는 순수 의식상태의 경험이 있다 하더라도 그것은 순수 의식상태의 경험이지 전 존재의 무를 경험하는 것은 아니다. 전 존재의 있음이 경험의 대상이 아니라 사유의 결과이듯 전 존재의 없음 역시 경험의 대상이 아니라 추상적인 관념에 해당한다. 우리는 개별적인 존재들을 경험하며 그 존재들의 합을 추상적으로 전 존재라고 생각한다. 이처럼 전 존재가 경험의 대상이 아니듯이 전 존재의 무 역시 경험의 대상이 아니다. 우리가 어떤 경험에 대해 사유와 해석 끝에 무라고 하거나 전 존재의 무

---

89) 추상적인 것을 경험한다는 말 자체가 모순이지만, 어떻든 전 존재의 무가 추상적 관념이라는 점에서 일단은 추상적인 것이라 표현해 보자.

라고 이름 붙일 수는 있지만, 그것은 말 그대로의 전 존재의 무
는 아니다. 또 경험의 대상은 굳이 따지자면 무가 아니라 유이
며, 순수 의식상태의 경험 역시 순수 의식상태를 경험하는 것이
지 무를 경험하는 것은 아니라고 해야 옳을 것이다.

그런데 전 존재라는 개념은 그렇다고 해도 우리가 존재나 무
자체를 경험할 수는 있을까? 우리는 매일 존재자들의 존재를 경
험하면서 살고 있다고 생각할 수 있다. 눈앞에 있는 수많은 사
물이 존재의 경험을 증명하는 것처럼 보인다. 글을 쓰는 이 순간
에도 나는 스크린과 키보드의 존재를 경험한다. 하지만 다시 생
각해 보면 경험의 순간 경험의 대상은 언제나 존재하는 것들이
다. 경험하는 모든 것이 존재의 요건을 충족시킨다. 개별 사물들
의 경험이 모두 존재의 경험이라면 존재는 경험의 대상이 아니
라 경험의 전제이거나 경험의 형식이어야 한다. 모든 경험이 존
재의 경험이라면 다른 경험과 구별되는 존재만의 경험이라 부를
만한 것이 없다.

*
* *

현대철학의 한 관점처럼 존재가 하나의 규약에 불과하다면 —
그 규약이 조상으로부터 전승되어왔든 현대에 와서 새로 만들어
진 것이든 — 우리가 사용하는 존재라는 개념은 하나의 통일된

규약에 따라 일관되게 적용되고 있기는 할까? 혹시 우리는 존재와 무의 개념을 일관성 없이 혼란스럽게 사용하고 있는 것은 아닐까? 예를 들어 우리가 존재란 무엇인가? 하고 물을 때와 신은 존재하는가? 하고 물을 때, 존재는 같은 의미로 사용되고 있을까?

앞에서도 잠깐 살폈듯이 두 질문에서 사용된 '존재'는 같은 개념을 지칭하듯 보이지만 내용을 들여다보면 서로 다른 층위에서 사용되고 있음을 알 수 있다. 존재란 무엇인가 하고 물을 때는 눈앞에 존재하는 존재자들의 근본 특성으로서의 존재, 우리의 지각 경험에서 발견하는 사물들에 대해 그 공통속성인 존재가 무슨 의미인지를 묻고 있다. '우리가 경험의 세계에서 지각하는 이 존재자들의 있음이라는 것은 도대체 무슨 뜻인가?'라고 묻는 것이다. 그런데 신이 존재하느냐는 건 신이 지각 경험의 세계에 존재하는지를 물은 것이 아니다. 물론 그런 의미로 묻는 사람도 있겠지만 우리 대부분은 지각 경험의 세계에는 신이 없다는 사실을 받아들인다. 지각 경험의 세계에는 절대성과 무한성을 가진 주체라는 일반적 개념으로서의 신을 적용할 대상이 없기 때문이다. 따라서 그 존재는 지각 경험의 세계 밖을 향하고 있다.[90]

---

[90] 물론 경험 세계에 있는 모든 사물을 일컬어 신이라고 주장하는 범신론도 있지만, 모든 게 신이라면 그것은 존재 여부에 관한 질문의 대상으로서의 신은 아니다. 존재하는 모든 것이 신이라면 신의 존재 여부를 물을 필요도 없기 때문이다.

그렇다면 우리는 존재의 의미를 경험의 세계에서의 존재와 경험의 세계를 벗어난 곳에서의 존재라는 두 가지 의미로 혼용하고 있다고 할 수 있다. 그러나 경험 세계에서의 존재와 추상적 관념 세계에서의 존재가 같은 의미일 수는 없다. 그런데도 우리는 경험 세계에서 의미를 쌓은 존재라는 개념을 확장하여 경험 세계 바깥으로 투영하여 사용한다. 그래서 우리는 신이 존재하는지를 물으면서도 마치 신의 존재가 지각 경험이 가능한 것처럼 묻는다. 우리 세계의 기준을 우리 세계 아닌 다른 곳에 적용하여 묻고 있는 셈이다. 그것은 '이 세계에서 존재할 수 없는 신이 이 세계 아닌 곳에 이 세계와 같은 방식으로 존재하는가?'를 물은 혼란스러운 질문이다.

존재라는 개념은 이처럼 지각 경험의 세계에서의 사물의 존재와 우리 세계를 벗어난 곳에서의 존재라는 개념으로 쓰이는 것에 더하여, 순수존재라는 개념까지도 사용된 바 있다. 헤겔에 따르면 순수존재는 어떤 속성도 가지지 않은 존재다. 구체적 존재자들에서 존재한다는 성격만 빼고 추상화를 계속하여 구체적 존재자들은 사라지고 존재라는 성격만 남게 되면 그것이 순수존재다. 하지만 존재자들의 구체적인 속성이 사라진 존재성은 사실상 존재가 아니다. 존재자들은 어떤 형태로든 속성을 가지고 존재한다. 그런데도 우리의 추상화된 사고는 속성이 없는 존재 개념까지 떠올려 그것을 순수존재라 부른다. 이것은 일종의 둥그런 사각형의 개념이다. 순수를 앞세우면 없음과 같아지고 존재를 앞세우면 순수가 사라지는 개념적 혼란이다. 네 개의 각을 없애 둥글게 만들면 원이 되는 것이지 둥그런 사각형이 되는 것은 아니다.

*
* *

우리가 존재가 무엇인지를 물을 때에는 개별적인 사물의 존재에 관하여 묻는 것이 아니다. 개별적인 사물에 관해 묻는다면 그것이 언제 어디에 있는지, 어떤 속성을 갖는지 묻는다. 그것은 존재에 관한 질문이 아니다. 존재에 관한 질문은 구체적 사물의 범위를 넘어 전 존재에 공통적인 존재의 의미를 묻는 것이다. 도대체 존재가 무엇이며, 왜 이 존재라는 현상이 있는지를 묻는다. 마찬가지로 우리는 무에 관해서도 개별적인 사물의 무를 묻는 것이 아니다. 우리는 전 존재의 비존재, 즉 존재자 전체의 무를 묻고 있다.

우리가 구체적 대상의 시공간 내에서의 존재 여부에 관해 물을 때는 그 진위가 지각으로 인식되지만, 전 존재의 공통적인 존재성이 무엇인지를 물으면 순전히 추상적인 개념으로서의 존재와 무를 묻는 것으로서, 해결의 실마리는 우리의 지각 능력에 있지 않다. 우리는 그 존재성을 지각으로 경험할 수 없기 때문이다. 존재와 비존재의 주체가 없으며 오직 추상적인 술어만이 주어지기 때문에 경험적 판단 대상에서 벗어나 있는 것이다.

이런 이유로 존재가 무엇인지, 무가 무엇인지를 묻는 추상적 질문이 잘못된 질문이 아니냐 하는 의문이 생기는 것도 당연하다. 그래서 존재는 술어가 아니라는 주장이나 양화사나 규약에 불과하다는 주장이 설득력 있게 들리는 것이다. 그렇다면 존재에 관한 질문은 잘못된 형이상학적 질문이라 할 수도 있는데, 왜 인류는 끊임없이 이 질문을 해 온 것일까? 왜 아리스토텔레스나 하이데거와 같은 위대한 철학자들이 존재를 화두로 삼아 끊임없이 그 의미를 파헤쳐 들어갔을까?

존재에 관한 질문은 고대 그리스 헤라클레이토스와 파르메니데스와 같은 철학자들에 의하여 논의의 장에 들어섰다고 한다. 헤라클레이토스에 따르면 모든 것은 영원히 변화를 겪고 있으며, 어떤 것도 어느 순간에서 다음 순간까지 같은 상태로 있지 못하므로 존재는 끊임없이 생성과 변화의 과정에 있다. 이처럼 모든 것이 생성과 변화 속에 있다는 만물유전론萬物流轉論을 인정하면 존재의 개념이 성립할 수 없고, 존재자를 지시하는 언어도 성립할 수 없으며 학문과 진리도 성립할 수 없게 된다.[91]

이와 반대로 파르메니데스는 운동과 변화를 부정하고 어떤 것

---

91) 김진, 『퓌지스와 존재사유』, 문예출판사, 2003. 43쪽 이하. Justus Hartnack, "Ontology and Language", Kluwer Academic Publishers, The Netherlands, 2004.

이든지 존재한다고 주장하며, 존재자는 소멸하지 않는다고 주장함으로써 존재와 언어적 사유를 일치시키려 하였다. 모든 것이 변화해 간다는 헤라클레이토스의 견해는 경험적인 관찰에는 부합하지만, 우리가 이미 사용하고 있는 언어를 논리적으로 성립 불가능하게 만들어버리는데, 존재를 인정하는 파르메니데스의 주장은 언어적 사유와는 들어맞지만 반대로 우리의 경험적 관찰에는 어긋나게 된다.[92]

이러한 고대의 사고를 따라 언어와 경험 세계의 관계를 따져 본다면, 우리는 생성, 변화하는 세계에 언어를 적용하여 고정함으로써 비로소 존재를 얻는다는 결론에 이를 수밖에 없다. 관찰을 통해서 변화하지 않는 세계를 발견하는 것은 불가능하며, 우리는 오직 헤라클레이토스의 주장처럼 만물이 유전하는 세계를 확인하게 될 것이지만, 우리는 무엇을 관찰하더라도 우리가 사용하는 언어의 논리를 따라 '어떤 존재자'가 '변화'하는 것인지를 관찰하여야만 한다.

그렇다면 존재에 관한 다양한 논의에 대한 결론을 유보하더라도, 우리가 존재를 묻게 된 것은 우리가 언어와 개념을 사용하여 세계를 파악하기 시작했을 때부터였다는 것과 그 질문들이 점차 존재의 근거와 실재에 대한 심오한 사유로 이어졌다는 사

---

92) 앞의 책, 53쪽 이하.

실만은 최소한 인정할 수 있을 것이다.

다시 한번 작은 새의 비유로 돌아가 보자.

> 작은 새는 날갯짓으로 새장을 지어 모든 존재를 새장 안
> 에 가둔다. 철학은 새장 안 존재들의 탐색 끝에 시작된
> 새장 너머를 향한 작은 새의 날갯짓이다.

*
**

비트겐슈타인은 철학을 버려야 할 사다리로 여겼다. 철학은
언어의 오용에서 생겨난 질병이므로 치료하고 나서는 버려야 하
는 것이었다. 그런 관점에서는 존재 질문, 신의 존재에 관한 질
문들은 잘못된 질문의 대표적인 예로서 논리적 모순과 문법적
충돌에서 발생한 것이라 할 수 있다. 예컨대 '공의 길이'에서처럼
공이라는 개념과 길이라는 개념의 잘못된 만남에서 비롯된 철학
적 질문들이다. 하지만 달리 생각하여, 존재 질문이 잘못되었다
하더라도 그 질문들이 인간과 언어체계에 관해 묻는 가장 원초
적인 질문이며, 또 그 질문에 대한 해답이나 해소가 없다면 영원
히 불만족을 느낄 수밖에 없는 존재가 인간이라면 어떻게 해야
할까?

예를 들어 여러 층의 고가도로를 높은 곳에서 내려다보면 교차점에서는 자동차들이 금방이라도 충돌할 것처럼 보인다. 따라서 고가도로의 구조를 알지 못한다면 우리는 늘 불안한 마음으로 충돌 여부를 지켜보아야 한다. 하지만 자세히 들여다보면 자동차들이 서로 다른 공간을 통과하고 있음을 알게 된다. 존재에 관한 질문이 이렇게 충돌할 것만 같은 자동차들의 서로 다른 공간에서의 만남이라면 어떨까? 우리는 단순히 잘못 본 것이라거나 자동차들이 충돌하지 않는다고만 말할 것이 아니라, 잘못 볼 수밖에 없었던 관점이나 충돌을 막는 고가도로의 구조에 대해 알아야 하지 않을까?

존재론이 그러한 오해를 밝혀가는 과정이며, 우리가 개념을 발전시키고 다양화하면서 영원히 고가도로를 내려다보며 살아가야 하는 존재라면, 우리는 끝없이 존재 질문과 대답을 해야만 하는 것은 아닐까? 다시 말해 철학은 버려야 할 사다리가 아니라 오히려 인간의 영원한 본질은 아닐까? 더 나아가서 철학은 질병이나 언어의 오용이 아니라 언어와 사고의 최종 도달점은 아닐까? 언어는 분화와 발전을 거듭하면서 근본적으로 모순을 내포할 수밖에 없고, 개념들은 그때그때 필요에 따라 생겨났기 때문에 언제라도 충돌할 수밖에 없다면, 언어적 사고는 최종단계에 이르러 그러한 자신의 근원적 결함에 부닥치게 되는 것은 아닐까?

사유가 발전을 거듭한다면 사유는 사유 자신을 마주하게 될 것이다. 존재와 무에 관한 질문은 현대철학자들의 분석처럼 어느 관점에서는 잘못된 질문이며, 비유하자면 다른 차원의 공간을 통과하는 자동차들의 충돌에 관한 질문일 수 있다. 세계의 존재 이유라는 거창한 질문은 '공의 길이'처럼 문법적 오용에서 생겨났을지도 모른다. 그러나 그 질문은 진리나 존재라는 이름으로 등장하여 우리의 사유 자체를 향한다. 언어 자체의 오용이나 모순에서 생긴 질문은 결국 언어체계를 향하게 된다.

그렇다면 존재에 관한 질문은 실재에 관한 질문과 마찬가지로 우리를 형이상학적 체계, 사유의 체계로 이끄는 중요한 입구라 할 수 있다. 존재 질문은 의미의 의미를 묻고 있으며, 의미의 자각을 묻고, 나 자신과 사유체계를 묻고 있다. 존재 질문은 사유하는 인간존재의 본질을 묻는 것이다.

형이상학적 욕구에 관하여

．

새장 너머를 향한 날갯짓으로 작은 새는
비로소 철학이라는 작은 새가 된다.
끝없는 날갯짓 끝에 철학은 드디어
자신의 날갯짓을 향한 날갯짓을 시작한다.

진리나 참된 세계로서의 실재가 존재하지 않는다는 결론, 실재는 현실 세계로부터 추상해낸 개념으로서 우리 사고의 그림자에 불과하다는 결론은, 아무리 치열한 사유의 과정을 거쳐 도출되었다 해도 받아들이기가 쉽지 않다. 우리가 마음 깊이 추구하는 형이상학적 대상이 사유와 역사 속에서만 존재하는 것이라면, 우리는 존재의 목적을 잃은 것 같은 허무감에 빠지지 않을 방법이 없기 때문이다.

우리는 주어진 세계만을 받아들이고 살아야 한다. 세계는 오직 현실 세계뿐이며 우리 삶에 구원과 같은 영원한 탈출구는 없다. 전혀 다른 세계가 존재할 것 같은 양자역학적 세계관도 음료수를 마실 때 잠깐 느끼는 청량감에 불과하다. 사실 우리가 사는 세계는 양자역학적 미시세계가 아니다. 양자역학적 이중성과 불확정성이 지배하는 세계에서라면 우리는 세계라는 개념조차 만들어내지 못했을 것이며 양자역학 자체도 등장하지 못했을 것이다.

우리 앞에 놓인 결론은 현실 세계를 벗어날 수 없다는 막다름이며, 주어진 의미를 벗어날 수 없다는 뜻에서 일종의 감옥이다.

그 점에서 우리는 그런 허무한 결론을 피하고자 의식적이었든 무의식적이었든 절대성과 피안을 생각해 낸 선조들의 지혜에 감탄하게 된다. 신이 죽은 후의 세계에 대한 니체의 묘사처럼 우리는 죽은 신이라도 다시 끌어안을 수밖에 없는 상황에 부닥친 것만 같다. 다른 세계가 없다면 우리는 이 세계의 작은 의미들에 내 존재의 의미를 맡기고 살아야 한다. 가족과 일상적 삶 속에서 찾는 의미들과 민주주의나 환경주의 같은 사회적 이상에 대한 헌신도 물론 중요하지만, 나의 전 존재를 귀속시키고 싶었던 위대한 가치들은 사라져버린 것이다.

아무리 현대를 살아간다 해도 이런 결론은 우리의 사고체계 속에서 명백히 부당하게 느껴진다. 만일 답이 없는 질문을 하게 된 것이라면, 그 세계관은 어디에서부터 잘못되었을까? 우리는 왜 존재하지 않는다는 결론에 이를 수밖에 없는 다른 세계를 꿈꾸는가? 그리고 실재가 존재하지 않는다면 나 자신의 구원에 관하여 어떤 희망이 남을까? 선조들의 지혜에 감탄하면서도 그런 발명품이 위약으로서 플라세보 효과임을 깨달은 현대인은 어디에서 탈출구를 찾을 수 있을지 막막하기만 하다.

문제는 우리가 삶의 근원적 의미, 존재의 의미, 진리를 원함에도 불구하고, 형이상학적 이념들은 현대적 사고와 논리 앞에서 맥을 못 추고 쓰러질 수밖에 없다는 데 있다. 우리는 이제 시선을 의미 너머 바깥이 아니라 우리 자신으로 향해야 한다. 우리는 지금껏 우리의 존재 근거들을 새장 바깥에서 찾으려 했지만, 이제는 새장 안으로, 새장을 짓고 새장 바깥을 만들어낸 우리 스스로에게로 눈을 돌려야 한다. 질문은 궁극적으로 의미와 사유와 체계를 향한 것이었다. 우리는 지금까지 달의 표면만 바라보았으나, 이제는 그 빛이 사실은 다른 광원光源에서 비롯된 것임을 알게 되었다. 존재하지 않는 새장 바깥에 이른 우리는 이제 새장 안을 들여다보아야 할 시간에 이른 것이다.

존재에 관해 물을 때, 존재의 근거를 물을 때, 존재의 근원인 실재에 대한 관념은 자연스럽게 우리의 사유 속에 스며든다. 아리스토텔레스가 존재하는 것은 무엇이며 무엇이 존재의 제1 근거인지를 물었을 때, 질문은 인식체계와 사고체계를 향하고 있었다. 존재의 보이지 않은 형이상학적 근원은 실은 사유와 언어 체계일 뿐이었다. 아리스토텔레스는 부동의 원동자原動者를 존재의 근원으로 생각하였으나, 그것은 존재와 의미를 창조한 인간 공동체와 역사였던 셈이므로, 질문은 우리의 의사소통과 사고와 의미체계를 향하고 있었다.

현대철학은 형이상학적 질문이 잘못되었다고 말하지만, 그 실질적 내용을 의미체계와 사고체계에 관한 것으로 해석한다면 정당한 질문이다. 인간을 인간이 되게 한, 우리에게 존재와 존재의 근거를 묻게 만든 바로 그 개념적 인식과 사유와 체계에 관하여 물은 것으로서 반드시 물어야 하고 물을 수밖에 없는 질문이다.

공동체와 역사의 발전을 통하여 우리는 소통과 사유의 거대한 언어적 의미의 체계를 만들어냈고, 그 안에서 살아가는 우리는 의식적으로든 무의식적으로든 그 체계에 관해서 묻게 된다.

현대철학이 참의 조건이 무엇인지에 대해 논리적 관점에서 논하는 것과 그리스 철학 이래 형이상학이 존재가 무엇인지를 물은 것은 그 뿌리가 다르지 않을 것이다. 참이 무엇인지의 질문도 참이라는 관념을 낳은 우리 사고체계에 관한 질문으로 연결되고, 인간이 근원적으로 가지는 존재와 실재에 관한 철학적 관심 역시 인식 바깥이 아니라 우리를 키워낸 사고체계를 향하고 있기 때문이다.

**

우리는 경험적으로 사람들 대부분에게 형이상학적 욕구가 있음을 안다. 형이상학적 욕구는 물리적 세계를 넘어선 세계를 향하며, 지각 경험을 넘어선 진리를 추구하려는 욕구다. 도대체 왜 우리는 이런 형이상학적 대상들을 묻고 추구하는가? 단순한 호기심이든 아니든 우리는 왜 실재를 궁금해하며, 왜 진리에 대해 말하고자 하는가? 그 욕구, 말하자면 형이상학적 욕구의 정체는 무엇인가?

우리는 형이상학적 욕구가 단순한 동물적 욕구가 아님을 안다. 또 우리가 참된 세계를 마음속에 품거나 진리를 향한 도정에 들어서는 것은 심리적이고 언어적인 욕구이며, 공동체에서 형성된 자아의 욕구이지만, 한편으로는 사회적인 욕구를 넘어선 것임을 안다.

형이상학적 욕구는 신체검사나 심리검사로 드러날 수 없으며 뇌파검사로써 실체를 밝힐 수 있는 것도 아니다. 뇌과학이 아무리 발전해도 뇌파는 형이상학적 욕구의 내용을 밝혀 줄 수 없을 것이다. 민주주의나 평등에 대한 욕망이 뇌파에 내용 그대로는 새겨질 수 없듯이 형이상학적 욕구 역시 내용 그대로 뇌파에 새겨질 수 없다.

형이상학적 욕구는, 언어와 개념으로 소통하며 의미와 도덕의 공동체에서 생활하는 인간이 자신의 존재 의미와 가치를 찾고자 하는 욕구이며, 자신을 다른 무엇보다 더 크고 심원한 것에 귀의하도록 함으로써 자신의 존재 방향과 목적을 설정하려는 욕구이다. 형이상학적 욕구는 옳고 그름의 도덕적 세계에서 거주하는 인간이 절대적 옳음으로서의 진리와 실재에 다가가려는 절대성의 욕구라 할 수 있다.

또한, 자아를 넘어서려는 욕로로써 한계에 갇힌 삶을 초월하여 무한에 귀의하고자 하는 욕구이다. 절대성에의 욕구가 흔들리는 자아를 확고하게 정박시키고자 하는 욕구라면, 무한성에 대한 욕구는 공동체에서 도덕과 의미의 옳고 그름에 갇혀 신음

하는 자아를 끝없이 확장하거나 영원히 소멸시킴으로써 자아가 겪는 고통에서 벗어나고자 하는 욕구이다.

절대성과 무한성은 한편으로는 의미체계가 낳은 하나의 의미들이지만, 다른 의미들과는 달리 의미를 초월하도록 규정된 의미이며, 우리가 그러한 절대와 무한에 대한 형이상학적 욕구를 가지게 된 것은 우리 자신이 그것을 낳은 의미망의 세계에서 자라기 때문이다.

우리가 사회 속에서 배우고 익힌 의미와 규범은 사회적 환경에 따라 끝없이 유동한다. 자아는 절대성을 확보하지 못한 의미들 속에서 불안정하게 흔들리며 안정을 추구한다. 동물들이 자신이 놓인 환경 속에서 안전을 구하듯, 우리는 언어·사회적 환경 속에서 안전을 추구한다. 의미들은 절대적이 아니라는 뜻에서 우리에게는 극복해야 할 도로의 장애물이다. 의미들은 완벽히 안전하지 않다는 뜻에서 모두 위험 요소들이다. 우리는 절대적으로 안전한 이정표를 찾아 나선다. 우리는 의미로 가득 찬 언어·사회적 환경에 놓여 절대적으로 안전한 의미, 의미를 초월한 의미를 추구한다. 생명으로서의 안전의 욕구는 인간의 환경인 의미와 결합하여 형이상학적 욕구가 되며, 절대적이지 못한 것은 모두 한계로 작용한다.

의미들은 안전을 원하는 욕구, 절대적 옳음을 원하는 욕구에 비추어 한계로 작용한다. 의미들은 우리를 둘러싼 환경으로써 그 속에서 생존하는 우리에게 한계로 작용하며, 우리는 안전하게 자아를 확립하기 위해 노력하는 과정에서 자아가 무한히 확대되거나 소멸하여 옳고 그름이라는 의미들의 충돌에서 영원히 벗어나기를 원하게 된다. 우리는 수많은 장애물이 놓여 있는 도로에서 아예 벗어나기를 원한다.

우리는 언어공동체에서 자라면서 이처럼 절대와 무한이라는 초월적 의미를 원하도록 길러진다. 인간으로서 경험하는 모든 것들은 공동체가 부여하는 일정한 의미를 지님으로써 자아의 한계로 작용한다. 자아는 의미의 공동체가 키워낸 것이며 그 과정에서 자아의 절대성과 무한성이라는 꿈도 함께 길러낸다.

의미의 트램펄린에서 자란 자아의 불안과 욕구는 흔들림 너머의 세계를 향한 형이상학적 욕구가 되어 존재의 절대적 근거로서의 초월적인 개념을 향하게 되며, 현상의 근원으로서 변하지 않을 영원하고 무한한 진리를 추구한다. 형이상학적 욕구는 현실 세계를 벗어나 저 너머를 향하며, 피안에 대한 열망으로서 자아와 세계를 한계로 자각하고 있음을 전제로 한다.

우리는 극단적인 유물론자들을 제외한 대다수 사람에게 이러한 욕구가 있음을 알고 있다. 추측하건대 극단적인 유물론자들조차도 무의식적으로는 마찬가지일 것이다. 왜냐하면, 형이상학적 욕구는 인간의 조건이며 인간의 구성요소이기 때문이다. 인간은 의미체계에 들어서 의미와 도덕과 공동체와 관계 맺으면서 자아를 확립한 주체가 되는 순간 한계탈출을 꿈꾸게 되기에 말이다.

한계에 대해 흔히들 말하기를, 우리를 철학과 종교로 이끄는 것은 인간의 유한성에 대한 자각, 즉 인간이 필멸하는 존재라는 자각에 있다고 한다. 우리 존재의 시간적인 유한성에 대한 자각이 우리를 신이라는 절대자로 이끈다고들 말한다. 우리는 언젠가는 소멸할 존재라는 것을 알기에 영원성과 신을 갈망한다는 것이다. 하이데거 역시 인간은 시간성에 기초하여 존재하며 죽음을 예감하는 존재이므로, 인간이 본래적으로 존재한다면 인간존재의 근원을 추구할 수밖에 없다고 말한다.

하지만 오해하지 말아야 할 것은, 필멸성必滅性에 관한 생각 하나가 우리를 철학적, 종교적 성향으로 이끄는 게 아니라는 점이다. 필멸성을 포함한 사고와 의미체계 전체가 형이상학적 욕구를 불러일으킨다. 즉, 필멸성 역시 홀로 독립하여 존재하는 개념이 아니라 시간과 존재와 죽음과 영원성 등 수많은 개념과 연결되어 있다. 필멸성이 우리를 철학과 종교로 이끈다고 함은 우리 사고 전체가 신과 궁극, 진리와 절대성으로 우리를 이끌고 있다는 말과 같다. 존재 물음이 사고체계 전반에 관한 것이듯, 필멸성에 대한 자각 역시 물리적 소멸의 예측을 넘어 언어와 사고체계의 한계에 대한 자각이다. 그리고 의미의 한계에 대한 자각은 필연적으로 그것을 넘어서려는 욕구를 부른다.

형이상학적 욕구는 언어로 소통하며 공동체 내에서 의미를 추구하는 인간의 본질로부터 오는 욕구이며, 또 양육된 욕구이다. 인간이 길러진 존재인 것처럼, 형이상학적 욕구 역시 함께 길러져 우리 곁에 존재한다. 그리고 형이상학적 욕구는 인식 바깥이라 불리는 존재의 근거, 실재, 신을 향하지만, 그것이 길러진 것임을 이해하게 되면 관심은 인식 바깥이 아니라 우리를 키워낸 소통과 의미와 사유의 체계를 향할 수밖에 없게 된다.

사유체계는 스스로 형이상학적 욕구가 되어 형이상학적 욕구의 근원인 자기 자신을 찾아 나서게 된 셈이다.

> 새장 너머를 향한 날갯짓으로 작은 새는 비로소 철학이라는 작은 새가 된다. 끝없는 날갯짓 끝에 철학은 드디어 자신의 날갯짓을 향한 날갯짓을 시작한다.

3장

철학의 사다리 사이로

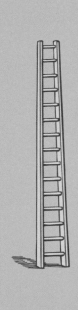

나 스스로의 가치를 찾아

•

무(無)에 사다리를 놓자 사람들은 사다리를 올랐다.
다들 사다리를 오를 때 어떤 사람은
허공을 오르는 건 의미 없다며 사다리를 내려갔다.
하지만 사다리는 반드시 올라야만 내려올 수 있었다.

1장 "트램펄린 위의 사람들"에서는 인간이 의미의 트램펄린에서 생활하는 존재라는 비유를 들어 트램펄린이 흔들림으로써 확실성과 절대성을 추구하는 존재의 두드림을 부른다는 점에 관해 얘기하였다. 2장 "철학이라는 작은 새"에서는 존재의 두드림에 답하기 위해 우리가 참된 세계로서의 실재나 진리를 인식할 능력이 있는지 살펴보면서, 칸트가 『순수이성비판』에서 말한 물 자체의 인식 가능성 논의를 재료 삼아 지식의 형식과 그 형식을 벗어난 앎이나 절대적인 앎에 관하여 생각해 보았다.

2장에서는 더 나아가 언어학자들의 통찰을 바탕으로 우리가 참된 세계나 진리를 말로 표현하거나 전달할 수 있는지, 언어의 한계가 무엇인지에 대해 살펴보았고, 이어진 참된 실재가 존재하는지의 문제는, 사실 철학자이든 아니든 누구라도 자신의 답을 가지고 있겠지만, 실재에 관한 주장이나 질문이 여러 면에서 모순을 품고 있으며, 근본적으로는 우리의 의미와 사고체계가 투영된 질문이라는 관점에서 세세히 따져 보았다. 더불어 존재는 무엇인지 하는 철학적으로 난해한 질문에 관한 전통적, 현대적 견해들을 소개하고 내 생각도 간략히 보태보았다.

2장 "철학이라는 작은 새"는 1장에서 비유적으로 말한 트램펄린 위에서 인간이 숙명적으로 쏘아 올리는 존재 질문에 대한 답을 얻을 수 있는지에 관한 것이었다. 그리고 진리나 실재를 향한 욕망이나 욕구가 우리 안에 잠재되어 있지만, 그에 대한 대답으로서의 참된 세계는 우리가 의미의 세계에서 흔들리며 세계 바깥에 투영한 텅 빈 그림자에 불과하다는 결론을 내렸다.

*
* *

　본래 사람들은 진리와 진리에 기반한 참된 세계로서의 실재가 존재하리라 생각했다. 참된 세계가 존재하고 존재의 밑바탕에 진리가 존재한다는 생각은 우리가 언어와 의미의 공동체에서 살아가기 때문에 생겨났다. 의미는 언제나 근원을 묻게 되어 있으며 그것이 우리에게 참된 세계에 관한 질문을 하게 하였다. 그리고 가치와 의미, 개념과 한계, 도덕과 의무로 둘러싸인 우리의 공동체는 진리와 피안의 세계를 들려줌으로써 우리가 삶의 무게와 고통을 견딜 수 있도록 도와주었다.

　하지만 문명의 발달은 우리의 육체적, 정신적 고통을 덜어줌과 동시에 참된 세계의 필요성과 가치도 떨어뜨렸다. 개발된 국가들에서는 굶주림과 질병의 극심한 고통이 대체로 해소되었고, 권력자를 비판했다고 해서 감옥에 가는 경우도 줄었으며, 죄를 지어도 자유를 제한당할 뿐 태형과 같은 육체적 고통을 겪지는 않는다. 고통이 감소하면 꿈과 희망도 작아지며 고통을 덜어주던 형이상학적 의미들도 무게가 줄어드는 게 당연하다. 과학 기술의 발전과 민주화된 사회를 얻는 대가로 우리는 형이상학적 이념들의 가치 저하에 직면하게 된 것이다.

또 계몽주의의 확산과 근대적 사고의 발전은 우리가 이제껏 커다란 의미를 부여해왔던 실재나 진리가 사실은 우리 자신의 주관에서 비롯되었다는 생각을 점점 사회에 퍼지게 하였고, 이에 따라 권리 의식과 일상적인 삶의 소중함이라는 현대적 가치가 진리와 실재를 향한 꿈을 대체하였다. 자유와 평등이라는 기본적 권리와 가족의 소중함과 같은 일상의 가치들이 신적인 생각들을 밀어낸 것이다. 바람직한 사회의 변화였지만 그 반사효과로서 모든 것이 평등하고 가치 있되 더불어 모든 게 평등하고 사소한 허무주의의 시대를 도래하게 하였다.

그런데 따져 보면 우리가 진리와 참된 세계를 알고자 한 것은 삶의 고통을 견디기 위한 것이기도 하였지만 한편으로는 삶에 목적과 의미를 부여하기 위함이었다. 우리는 우리 존재의 숭고함을 원했고 보잘것없는 삶에서 심오함을 발견하기를 원했기에, 눈에는 보이지 않더라도 절대적인 세계에 존재할 것 같은 진리를 쫓았다. 우리는 삶의 가벼움과 사소함, 우리가 누리는 작은 의미들을 숭고하고 심오한 가치로 인도할 더 큰 존재를 원했다.

눈앞에 보이는 쾌락과 사회에서의 성공은 신적인 위임과 명분에 의한 것이 아닌 한 그 자체만으로는 그런 심오한 의미에 이르지 못한다. 쾌락과 성공은 끝없이 더 큰 쾌락과 성공을 요구하며, 세속적 목표는 이루고 나면 더는 신비로울 게 없다는 사실을 늘 확인시켜준다. 쾌락이든 성공이든 경험이 가능한 모든 것은 경험한 이후에는 한계로 작용할 뿐이다. 그리고 우리가 소중히 여기는 일상적인 삶의 반복 역시 자아와 존재의 한계를 자각한 순간 허무주의의 그림자를 짙게 한다.

쾌락이든 성공이든 들뜬 기쁨의 순간이 지나고 나면 우리는 다시 묻게 된다. 그것이 존재의 의미인가? 우리는 그렇지 않다고 스스로 대답한다. 묘하게도 현세적 쾌락의 반대편인 금욕이나 내세와 같은 것이 그 자리를 차지한다. 쾌락과 성공이 삶의 목적이 아니라고 거부하는 마음이 나도 모르게 생겨난다. 우리는 쾌락을 원하면서 한편으로는 쾌락에 반대한다. 우리는 인간의 본질과 존재 의미, 쾌락과 고통의 존재 의미를 묻는다. 쾌락이 아니라 더 중요한 무엇인가가 목적이라면, 쾌락은 그 높은 성취를 해치는 방해물이 될 수밖에 없다.

현대사회의 자유와 개인적 삶의 소중함 역시 그러한 심오하고 숭고한 가치의 자리를 온전히 대체하지 못한다. 문명사회에서 성장하여 가정을 이루고 개인의 삶을 구축해가는 일상적 가치는 소중하고, 그것을 가능하게 한 자유주의와 풍요로운 경제 역시 소중하지만, 일상적 삶은 쉬지 않고 반복되는 삶일 뿐이다. 그것만으로는 스스로에 심오한 의미를 부여할 수도 없고 자신을 넘어서는 더 큰 가치를 발견하기도 쉽지 않다. 진리나 신적인 꿈이 주었던 깊은 만족감과 충일감은 일상적 삶이 대체할 수 없는 것이다.

진리와 참된 세계의 꿈을 잃은 우리는 이제 어떤 의미와 가치로부터 존재의 의미를 발견할 수 있을까? 우리는 어디에서 삶을 충만하게 할 헌신의 대상을 찾을 수 있을까? 진리나 참된 세계가 우리 사고의 그림자일 뿐 실제로 존재하지는 않는다는 철학적 결론에 이르면 형이상학적 욕구는 대상 없는 욕구가 된다. 하지만 그러한 욕구가 선천적이든 길러진 것이든 우리의 본질에 내재하고 있다면, 우리는 어떻게든 그것을 충족시킬 수 있어야 하지 않는가. 본질적인 욕구를 충족하지 못한다면 상실과 결여의 상태로 살아가야 하기에 이것은 우리가 마땅히 풀어야 할 숙제라 할 수 있다.

우리가 그동안의 철학적 성찰을 전부 무시하고 다시 참된 세계의 존재를 마음속으로 받아들이거나, 아니면 의미 상실의 삶을 살면서 허무주의에 빠지거나 일상적 쾌락으로 성찰 없이 살아가기를 선택하지 않는다면, 어떤 대안이 있을까? 진리나 참된 세계를 인정하지 않더라도 삶의 근본적 의미나 심오함의 가치에 이르는 다른 길은 없을까?

이런 질문들은 절대성을 벗어나 상대적인 가치나 자기만의 진리로도 삶의 근원적 의미나 심오함에 도달할 수 없나 하는 질문으로 이어진다. 그 점에 있어서 니체가 제시하는 '위버멘쉬'[93]의 길은 참으로 매력적이다. 니체는 진리는 진리가 아니라 하나의 관점에 불과하다고 말하며, 진리에 관련된 심오함과 숭고함을 허위성으로 간주하면서, 위버멘쉬라는 자신만의 가치를 추구하는 존재에서 절대성의 대안을 찾아 나선다.[94]

니체는 진리를 부정했다. 물론 해석은 다를 수 있겠지만 많은 학자는 니체가 진리를 부정했다고 받아들이고 있다. 니체에게 있어 진리는 하나의 관점일 뿐이다. 대표적 저작인 『선악의 저편』에서 니체는 진리에 대한 철저한 공격을 시도한다.[95] 진리는 언제나 당파적이고 특정 관점에서만 진리이다. 진리는 모든 사람을 위한 진리가 아니다. 진리가 잘못된 것이 아니라 진리는 그것을 진리로 보는 사람을 위해서만 진리일 뿐이다.

관점주의에 의하면 모든 관점을 아우르는 절대적 관점은 있을

---

93) 니체의 위버멘쉬는 예전에는 초인(超人)으로 번역되기도 하였으나 최근에는 독일어 발음을 그대로 살려 위버멘쉬로 표기하는 경우가 많다.

94) 니체, 『차라투스트라는 이렇게 말했다』, 정동호 옮김 (니체 전집 13), 책세상, 2000.

95) 니체, 『선악의 저편』, 김정현 옮김 (니체 전집 14), 책세상, 2002.

수 없으며, 인간의 인식은 특수한 관점, 역사적, 사회적, 문화적 관점에서 벗어날 수 없다. 절대적 지식은 있을 수 없으며, 모든 사람에게 통용되는 진리도 없다. 니체는 각자에게 유용한 진리만을 인정하고, 역사적, 사회적 맥락을 넘는 절대적으로 타당한 진리를 인정하지 않는다.

진리는 사람들이 진리를 용인하기 위해 가치를 부여했기 때문에 진리라고 니체는 말한다. 진리에의 의지 뒤에는 가치에의 의지가 있을 뿐이며, 사유 뒤편에는 본능과 가치평가가 있다. 형이상학자들의 가치는 금욕주의라는 자신들의 이상에 의해 지배된다. 그들에게는 자연에 속한 것은 가치가 없고 오히려 가치 있는 것을 오염시키므로, 최고의 가치는 다른 높은 세계에 속해 있다. 그러한 가치에 대한 믿음이 진리 추구로 연결된다. 형이상학자들에게 있어 감각들은 참된 지식을 알기에는 너무 저열하다고 평가된다.

니체는 형이상학자들의 생각에 철저히 반대하며, 가치가 높은 것들은 저열한 것들의 승화일 뿐이라고 말한다. 세상에 이기심에 기초하지 않은 것은 없으며, 좋은 것, 존경받는 것, 진실, 이타성은 본질에 있어 사악하다. 형이상학은 본질상 하나인 가치가 높은 것과 낮은 것의 통합적인 연결에 실패하였다. 즉, 형이상학을 이끄는 힘은 진리가 아니라 가치평가로서, 인간은 자신을 보존하기 위해 진리를 믿는 어리석음을 선택했을 뿐이다.

니체는 『차라투스트라는 이렇게 말했다』에서 신의 죽음을 선언한다. 신은 왜 죽었는가? 신은 진리가 아니고 가치일 뿐임이 밝혀졌기 때문이다. 진리는 그것을 추구하는 철학자들의 편견이나 신념, 혹은 가치에 의해 확립되고, 그 이면에는 힘에의 의지가 버티고 있으며, 신 역시 관점에 의해 세워진 것이므로, 신은 이미 신이 아니다. 절대적 존재가 아니라 각자의 해석일 뿐이다.

신의 죽음은 절대적 가치의 상실을 불러온다. 신이 죽은 세계, 절대적 가치가 상실된 세계는 같은 것이 영원히 돌아오는 세계로 그려진다. 영원회귀의 세계다.

> 뒤로 나 있는 이 긴 골목길. 그 길은 영원으로 통한다. 그리고 저쪽 밖으로 나 있는 저 긴 골목길. 거기에 또 다른 영원이 있다. 이들 두 길은 예서 마주치고 있다. 머리를 맞대고 있는 것이다. 그렇게 여기, 바로 이 성문에서 만나고 있는 것이다. 그 위에 성문의 이름이 씌어 있구나. '순간'이라는.
> 여기 순간이라는 성문으로부터 하나의 길고 긴, 영원한 골목길이 뒤로 내달리고 있다. 우리 뒤에 하나의 영원이 놓여 있는 것이다.[96]
>
> 모든 것은 가며, 모든 것은 되돌아온다. 존재의 수레바퀴

---

96) 니체, 『차라투스트라는 이렇게 말했다』, 2000, 263~264쪽.

> 는 영원히 돌고 돈다. 모든 것은 시들어가며, 모든 것은
> 다시 피어난다. 존재의 해는 영원히 흐른다.
> 매 순간 존재는 시작된다. 모든 여기를 중심으로 저기라
> 는 공이 굴러간다. 중심은 어디에나 있다. 영원이라는 오
> 솔길은 굽어 있다[97]

중심은 사라진다. 중심이 사라진다고 함은, 중심적 가치의 의미가 상실되어 차별적인 의미들이 단지 주관적인 세계관에 불과한 세상이 되었다는 뜻이다. 영원회귀는 차별성의 상실을 의미한다. 차이가 나는 현상들이 현실에서 발생하고 있음에도 불구하고 니체는 차이가 없다고 말함으로써, 의미의 차이나 가치평가에서의 절대적 차이가 없음을 선언한다. 절대적인 차원에서는 같은 값의 현상들이 무한히 반복되는 허무한 세상이 우리 앞에 놓여 있다는 것이다. 신이 죽고 절대적 가치가 상실된 이상 같은 것들이 순환할 수밖에 없지 않은가.

같은 것들은 의미 없이 반복되므로 허무의 의식을 불러온다. 그런 허무의 의식 앞에서 우리는 결단을 내려야 한다. 허무주의에서 벗어나기 위해 다시 중심 가치로 돌아갈 것인가, 다시 말해 죽은 신이라도 보듬어 안을 것인가, 아니면 위버멘쉬가 되어 자신만의 가치를 만들어 갈 것인가?

---

97) 앞의 책. 364쪽.

니체가 말하듯 우리가 영원회귀의 세상, 중심이 없는 영원성의 길 위에서 한순간만을 살아간다면 삶은 무슨 의미인지를 묻지 않을 수 없다. 중심적 사상, 중심적 가치가 없는 길 위에서는 결국 허무주의에 빠져들 수밖에 없는데, 가치 없이 살아가는 삶에 무슨 의미가 있겠는가.

그렇기에 니체는 위버멘쉬를 제시하면서 스스로 가치를 창조해 가며 존재하는 위대한 인간의 모습을 그린다. 니체가 말하는 위버멘쉬는, 쾌락이든, 힘에의 의지이든, 또는 귀족적인 가치나 심오한 고독, 그 무엇을 추구하든, 살아가기 위해 허위성에 기반한 신적 가치에 의존하는 인간을 넘어서 스스로 가치를 정립하면서 살아가는 존재를 말한다.

니체의 위버멘쉬 사상은 우리에게 카타르시스를 선사한다. 철학자들이 진리라고 큰소리쳤던 것들은 전부 그들 자신의 가치와 욕망과 도덕적 지향을 반영한 결과물일 뿐, 신이나 절대적인 세계로부터 온 것이 아니다. 니체는 우리가 우리 자신의 가치를 스스로 창조하였음을, 그리고 창조할 수 있음을 통렬하게 가르친다.

*
**

니체가 주는 이 신선한 자유는 우리의 본질에 부합할까?

우리가 진정 스스로 가치를 정립하며 살아가는 위버멘쉬와 같은 존재가 될 수 있을까? 기본적으로 우리는 공동체적 존재가 아니던가. 공동체적 존재는 단지 몸이 공동체에서 지내는 것을 넘어 공동체의 가치를 공유하며 생활하는 존재라는 뜻이다. 그런데도 스스로 정립하는 가치라는 게 존재할 수 있을까? 가치가 중립적이고 개인적이라면 우리는 각자 가치를 세우며 살아갈 수 있을 터이지만, 가치와 의미는 그 값을 매기는 사회와 시스템에 의해서 정해지는 것이 아니었던가.

　가치는 그것을 인정하는 사람들에 의해 최종적으로 가치 있는 것으로 판가름 난다. 시장에서 상인이 자기 상품에 임의로 값을 매겨도 수요자들이 응답하지 않는다면 그것은 값이라고 할 수 없다. 말하자면 공허한 값어치이다. 집을 팔려고 내놓으면서 내 마음대로 시세보다 몇 배쯤 나가는 값을 매기거나 혼자서 소리쳐본들 공허한 메아리일 뿐이다. 가치는 기본적으로 공동체에서 인정되어야 한다. 니체가 말하는 신의 죽음이라는 사유의 가치도 그것을 인정하는 많은 사람에 의해서 값이 매겨진 것이었다. 위버멘쉬는 사실상 가치 없는 가치를 추구하는 셈이다. 혼자만의 가치는 가치의 본질에서 벗어난 것으로서 실제로는 가치가 없다는 말이나 다름없다.

　그렇다면 위버멘쉬의 사상은 니힐리즘의 극복이 아니라 오히려 니힐리즘의 극단이 되어 부메랑처럼 돌아온다.[98] 위버멘쉬는 무가치의 가치를 받아들이는 사람이다. 위버멘쉬가 스스로 정립한 가치는 고독하고 외로운 가치이며 사회적으로는 가치 없는 가치라 할 수 있는데, 그러한 무가치의 가치를 받아들이는 사람이 많지 않으리라는 것은 쉽게 짐작할 수 있다. 깊은 산에서 홀로 수행하는 사람이거나 흔히 말하는 도를 깨우친 사람이거나 혹은 사회적 가치에 동참하지 않는 극소수의 반사회인격자에게

---

98) 물론 위버멘쉬 사상은 근본적으로 허무주의 극복의 길로 제시되었으며, 많은 학자가 이를 받아들이고 있음을 밝혀 둔다. 예를 들어 백승영은 다음과 같이 주장한다.
"인간이 자신을 창조하고 해석하는 위버멘쉬적 존재로 자각하고, 그렇게 살기를 의지하는 실존적 결단을 통해 허무주의는 극복된다. 인간에게 실존적 결단을 요구하는 상황은 이미 한번 설명되었듯이 니체가 관점적 세계경험으로서 제시하는 극단적 허무주의 상황이다."
"실존적 결단의 순간에 선 인간은 절대적인 무의미함을 경험하여 삶에 적대적인 결정을 내리며 몰락의 길을 선택할 수도 있다. 혹은 그 반대로 이 상황에서 절대적인 유의미성을 확보할 수도 있다. 즉 자신의 경험 상황과 자신의 삶에 최대의 의미를 부여하고 삶 자체에 대해 최대의 긍정을 행할 수 있다."
"위버멘쉬는 자신의 힘에의 의지에 대응하여 자신을 부단히 극복하고 초월하는 인간 유형이다. 그의 위버멘쉬적 삶은 자기 목적적이다. 그는 자신의 위버멘쉬적 삶을 위해 관점적 경험 상황을 스스로 구성한다. 그 자신이 이런 경험 상황의 창조자이며 이 상황에 가치와 의미를 부여하는 주체이다. 그래서 관점적 경험 상황의 개개의 순간은 그에게 더 이상 의미가 없거나 헛되지 않다." (백승영, 「니체 철학, 무엇이 문제인가」, 김상환 외, 『니체가 뒤흔든 철학 100년』, 민음사, 2000, 64쪽 이하 참조)
하지만 이러한 긍정적인 해석도 여전히 위버멘쉬가 살아가고자 하는 삶의 내용이 무엇인지, 인간의 자기 목적성이 무엇인지 묻게 만드는 공허한 측면을 남긴다.
한편 박찬국은, 하이데거와 니체의 사상을 비교하면서 하이데거의 관점에서 "권력에의 의지의 지배는 인간을 비롯한 모든 존재자를 소모하는 것이라는 점에서 궁극적으로는 공허한 무의 지배이다. 즉 현대 기술문명의 본질은 공허한 무가 지배하는 니힐리즘이다. 그리고 니체의 철학은 이러한 기술 시대를 정당화하는 점에서 자신이 주장하는 것처럼 니힐리즘을 극복하는 것이 아니라 니힐리즘을 완성한다."라고 말한다. (박찬국, 「권력에의 의지의 철학과 존재의 철학」, 김상환 외, 『니체가 뒤흔든 철학 100년』, 2000, 244쪽 이하 참조)

나 가능할 것이다. 보통 사람들은 자신의 가치가 사회에서 인정받을 때 비로소 그 의미를 발견하게 되며, 자기만의 가치는 하나의 감정적인 선언으로서 잠깐의 자기만족을 하게 될 뿐이다.

매킨타이어A. MacIntyre는 『덕의 상실』에서, '위버멘쉬가 오늘날에 이르기까지 사회의 어느 곳에서도 자신의 선善을 초월하거나 발견하지 못하고, 오직 그 자신만의 세계에서만 자신의 선을 초월하거나 발견하는데, 그 이유는 위버멘쉬에 관계와 활동의 측면이 결여되어 있기 때문'이라 비판한다. 선들은 선들에 대한 공통의 비전과 이해를 핵심적 유대의 끈으로 하는 공동체에 진입함으로써 발견될 수 있는데, 위버멘쉬는 자기 자신의 자족적인 도덕적 권위로만 존재해야 한다. 매킨타이어는 니체의 위대한 인간의 개념이 허구와 유사한 개념이며, 필연적 결과로부터 도피하려고 하는 개인주의의 마지막 시도라고 비평한다.[99]

> 위대한 인간은 공동의 기준 또는 덕 또는 선들에 대한 호소를 통해 매개되는 어떤 관계에도 들어갈 수 없다. 그는 자기 자신의 유일한 권위이며, 다른 사람들에 대한 그의 관계는 이러한 권위의 적용일 수밖에 없다. 내가 변론한, 덕에 관한 나의 설명이 유지될 수 있다면, 우리는 고독과 자기-몰두가 위대한 인간에게 자기 자신의 자족적인 도

99) 알래스데어 매킨타이어, 『덕의 상실』, 이진우 옮김, 문예출판사, 2018, 377~378쪽.

덕적 권위로 존재해야 하는 부담을 지운다는 사실을 분명하게 알아차릴 수 있다. 왜냐하면, 만약 어떤 선의 개념이 실천, 인간 삶의 설화적 통일성, 도덕적 전통과 같은 개념들을 통해 해명되어야 한다면, 오직 선들에 관한 공통의 비전과 이해를 핵심적 유대의 끈으로 하는 공동체를 구성하는 관계에 진입함으로써만 선들이 ― 이 선들과 함께 법과 덕들의 권위에 대한 토대들이 ― 발견될 수 있기 때문이다.[100]

어쩌면 당연한 논리적 귀결이겠지만, 위버멘쉬를 주창하는 니체는 공동체를 벗어나 힘에의 의지로서 세계를 해석한다. 누구나 힘에의 의지가 있으며, 힘이 약한 사람이 가진 양심은 힘에의 의지의 내적인 발산이다. 밖으로 발산할 수 있을 만큼 힘이 없는 사람도 어떻든 힘에의 의지가 있으므로 양심이라는 내적 발산을 통해 자신을 학대한다. 니체는 우리를 짓누르고 있는 도덕과 양심을 분쇄하고 힘에의 의지로 위버멘쉬를 향해 가야 한다고 말한다.

니체가 말하는 위버멘쉬가 되는 길은 대중의 일원이 되기를 거부하는 것이다. 니체에게 있어 각자가 등가^{等價}의 가치를 지니는 민주주의와 기독교는 인간의 타락이다. 위버멘쉬는 대중의

---

100) 앞의 책. 378쪽.

가치를 밟고 서서 자신만의 가치를 추구해가는 사람이며, 심오
한 고독을 즐기는 귀족 중의 귀족이다. 허무주의를 담담히 받아
들이고 관점에 의해 세계를 볼 수밖에 없다는 점을 인정하면서
도 플라톤처럼 심오한 이상을 가진, 진리가 아닌 것을 알면서도
진리를 그리는 미래의 인간이다. 니체에게 있어 위버멘쉬는 노예
적 도덕과 민주주의 이상을 흡수한 대중들로서는 도달할 수 없
는 세계이다.

이처럼 니체는 절대적 가치와 공동체적 가치의 자리에 자신만
의 가치와 자족적인 권위를 올려놓지만, 인간이 인간임은 사회
의 다양한 가치들을 취사 선택하여 자기의 정체성을 확립해 나
가기 때문이다. 공동체의 가치를 받아들이지 않는다면 우리는
인간으로서의 정체성을 확립할 수 없다. 사회가 인정하는 적절
한 가치를 받아들이지 않는다면 우리는 공동체의 구성원이 될
수 없으며, 공동체 없이 존재하는 인간은 있을 수 없다. 그 점에
서 자기만의 가치를 강조하는 위버멘쉬의 사상이 과연 인간의
공동체적 본질에 부합하는지 의문이 들지 않을 수 없는 것이다.

*
* *

니체가 말하는 관점주의는 본질적인 대답을 원하는 사람들이
뛰어넘어야 할 거대한 장벽이다. 니체에 따르면 진리는 만물에

공통된 것이 아니라 우리만의 것이라는 점에서 인간이 만물의 척도이다. 심오하다고 생각되는 높은 가치들은 신에게서 오는 것도 아니고 외계의 어떤 존재로부터 주어지는 것도 아니다. 우리 자신의 가치평가로부터 나올 뿐이다. 인간이 만물의 척도라는 주장은 인간존재의 근원적 의미가 절대적인 세계에서 유래하였기를 바랐던 우리에게는 진리가 없다는 슬픈 선언인 셈이다.

하지만 인간이 만물의 척도라는 말은 어떤 면에서는 공허한 주장이다. 인간이 아닌 다른 척도가 존재한다는 뜻에서가 아니라, 우리의 수많은 가치를 차별화하지 않고 하나로 묶어 만물의 척도라 불렀기 때문이다. 척도로서의 인간이 가진 가치와 의미는 매우 다양하다. 니체가 비판한 형이상학자들의 가치는 물론이고, 니체가 본질로 파악한 동물적이고 저열한 가치도 모두 인간의 가치들이다. 동물적 욕구와 세속적 욕망은 물론이고 청정심과 신을 향한 구원의 욕구도 인간의 가치 안에 포함되어 있다. 그렇게 서로 다른 가치들을 인간의 가치라는 이유만으로 동일 선상에서 평가할 수는 없다. 우리가 동물들과 공유하는 가치가 신적 가치나 도덕적 가치와 동일한 값어치를 지녔다고 할 수 없으며, 이기주의적 가치와 이타주의적 가치 역시 근원이 같다 하더라도 같은 값으로 평가될 수 없는 것이다.

우리가 의미와 가치를 창조하는 존재라는 사실을 인정한다면, 가치의 숭고함과 저열함의 차이도 우리가 정립한 것으로서 마찬가지로 인정되어야 한다. 인간이 만물의 척도라는 말은 이처럼 달리 설정된 가치들을 각자의 값에 따라 평가함이 없이 같은 선상에서 취급하는 한에서는 잘못된 말이며 공허한 주장이다. 모든 가치가 똑같다는 주장은 그렇게 말하는 사람의 마음에 아직도 절대적인 가치에 대한 욕망과 상실감이 남아 있음을 보여줄 뿐이다. 왜냐하면, 우리가 마음속에서 절대성의 잣대를 내려놓는 순간 가치들은 서로 다른 내용의 가치들로서 자리매김하기 때문이다.

형이상학적 가치의 뒤편에 본능과 편견, 신념과 도덕적 지향이 존재한다는 점을 받아들여도, 우리가 형이상학적 가치들을 최상의 가치로 인정한다는 사실은 변하지 않는다. 우리가 스스로 가치를 정립하는 존재임을 인정한다면, 당연한 귀결로서 가치 정립에 관하여 기준이 되는 가치들과 우리가 존재의 의미로 우러러보는 가치들은 가치체계에 있어 가장 높은 곳에 자리할 수밖에 없다. 신적인 의미는 본래의 절대적 성격을 잃었다 하더라도 여전히 인간 의미체계의 가장 높은 곳에 존재한다.

또 우리가 니체의 비판을 받아들여 심오하고 숭고한 진리 이면에 이기적인 생물학적 욕구가 있음을 인정하더라도, 진리나 신을 향한 욕구는 그렇지 않은 면도 있기에 이중적이라는 사실을 부인할 수 없다. 진리의 추구는 자신의 진리를 찾는다는 점에 있어서 이기적이지만, 한편으로는 진리를 찾게 한 이기심을 뛰어넘으려는 욕구와 방향성도 가지고 있다. 이기적이지만 반이기적이고, 자아중심적이지만 한편으로는 자아를 뛰어넘으려 한다. 우리는 자아로서 개별적으로 존재하지만, 자아의 본질상 공동체에서 의미를 발견하는 존재이며, 또 자아의 한계와 의미체계의 한계를 뛰어넘어 자아를 초월하려 하는 존재이기 때문이다.

우리에게는 생존과 번식을 위한 생물학적 욕구를 넘어서 사회적이고 공동체적인 욕망이 있으며, 더 나아가 공동체와 의미와 관점을 초월하여 경험 너머의 진리를 찾으려는 욕구가 있다. 누구도 언어공동체에서 사고하며 활동하는 인간을 동물과 같다고 평가하지는 않는다. 그 점에서 인간의 가치는 동물적 가치와 구별된다. 그리고 누구도 경험 너머 진리에 대한 욕구를 인간세계 내에서의 세속적 욕망과 동일시하지는 않는다. 그렇기에 세속적 가치 역시 신적 가치와 명백히 구별되는 것이다. 우리 안에 실제로 존재하는 구원의 열망이나 형이상학적 욕구를 외면한다면 그것은 우리의 동물적 욕구를 무시하는 것만큼이나 잘못된 일이다.

***

비유적으로 말한다면 인간의 가치체계는 삼각형을 이루고 있다. 삼각형 아랫부분에 동물적 욕구에 기초한 가치들이 있고,

그 위로 세속적 욕망과 공동체 참여에 관한 가치들이 있으며, 꼭대기 끝점 아주 작은 부분에 형이상학적이고 신적인 가치가 있다.

진리와 참된 세계에 대한 대답은 예전처럼 개인과 공동체의 생존과 일상생활에 큰 영향을 미치지 않지만, 여전히 삼각형의 한 부분을 차지하고 있다. 끝점이 없는 삼각형이 있을 수 없듯이 자신의 존재 의미를 탐구하지 않는 인간이나 신적 가치의 심오함을 모르는 인간은 존재하지 않을 것이다. 의미와 가치, 그리고 그에 대한 오랜 대답으로서의 진리는 우리의 마음속에 깊이 스며든 본질적 개념이기 때문이다.

삼각형의 맨 위 꼭짓점은 가장 높은 곳에 있지만 이를 받쳐주는 하단부가 없다면 존재할 수조차 없다. 그 점에서 하단부가 더 중요하다고 생각할 수도 있지만, 동물적 가치만을 추구한다면 우리는 동물일 뿐 인간이 아니다. 따라서 인간을 생물학적이고 환원주의적 시각으로만 바라보는 것은 어리석은 일이다. 일부 생물학자들이 그런 무리한 환원을 시도하지만, 우리 사회와 문화는 그것을 넘어서 있다. 사유는 언어에 기반하고, 언어는 혀와 후두부를 통한 발화에 기초하고 있으며, 사유 검증의 대부분을 감각기관에 빚지고 있지만, 그래도 사유라는 구성 부분이 없다면 우리는 인간존재가 아니다.

또 한편으로 로티의 주장처럼 우리가 구원을 꿈꾸지 않는 오직 사회적 존재에 불과하다면, 어디에서 사회의 미래에 대한 꿈과 동력을 얻을 것인가. 모든 이상은 절대성과 완전성을 향하고 있다. 인간의 존엄과 자유와 평등, 민주주의의 이상이 없다면 사회적 존재로서의 인간에게는 권력과 지위를 위한 투쟁 외에 남는 것이 많지 않을 것이다. 마찬가지로 절대성과 완전성이라는 신적 이상이 연결되지 않은 사회적 이상은 자칫 동력을 상실하기 쉽다.

우리는 트램펄린 위에서 유동하면서 절대적인 세계로서의 참된 세계를 꿈꾸는 존재들이다. 우리는 의미의 세계에서 살아가며 의미의 의미를 묻고 있으며, 그 질문 속에서 신을 발견하고 무를 발견하며 실재에 대한 꿈을 꾼다. 본질은 진리 자체에 있는 것이 아니라 우리가 진리를 꿈꾼다는 사실에 있다.

하지만 위버멘쉬의 꿈과 같은 혼자만의 가치 창조가 니힐리즘의 부메랑으로 돌아온다면, 최상의 가치로서의 진리를 꿈꾸는 존재인 우리는 어떻게 하여야만 진리의 상실에 맞서, 진리와 참된 세계가 우리의 창작물이라는 결론에 맞서 허무주의의 수렁 속으로 빠져들지 않을 수 있을까? 진리와 참된 세계를 찾아 나섰던 우리는 어떻게 허무주의를 딛고 진리가 주는 심오함과 충일감을 다시 회복할 수 있을까?

자아가 자아를
초월할 수 있을까?

•

무(無)에 놓인 사다리 사이로 사람들은 허공을 보았다.
다들 사다리를 오를 때 어떤 사람은
사다리가 허공을 가린다며 사다리에서 뛰어내렸다.
하지만 허공은 사다리 사이로 보일 때만 허공이었다.

존재의 근거가 실재나 진리가 아니라 우리의 사고체계에 불과하다면, 우리는 필연적으로 의미의 상실을 경험하게 된다. 창조의 역사와 존재의 진리를 탐구한 끝에 절대적인 세계가 언어적, 공동체적 사고의 결과임을 이해하게 될 때, 우리는 마침내 이해했다는 기쁨을 누릴 수도 있지만, 진리의 부재가 초래한 허무주의의 엄습 역시 막을 수 없다. 우리는 그저 지나가는 존재일 뿐이며, 어떤 목적도 의미도 절대적인 세계로부터는 주어지지 않기에, 우리의 존재는 들판의 바람이나 흙먼지와 다를 바 없다.

물론 참된 세계와 진리의 상실이 불러일으키는 허무주의 역시 우리가 만든 하나의 의미이다. 존재가 의미 없다고 말할 때, 삶이 허무하다고 말할 때도, 무의미와 허무주의라는 의미체계 안의 의미들에 우리는 몸담고 있다. 심오하고 숭고한 가치뿐 아니라 가치의 상실도 하나의 의미로 작용하는 것이다. 허무와 상실이 우리를 이끄는 곳 역시 의미체계가 마련해 둔 장소로서, 의미를 갈구하지만 발견하지 못한 사람을 위한 곳이다. 좋든 싫든 우리는 어떤 의미를 발견하고 그 의미 속에서 살아간다.

하지만 허무주의를 받아들임으로써 진리에의 합일이나 참된 세계를 향한 믿음이 주는 기쁨, 그리고 더 큰 존재와의 합일이나 자아의 초월을 통해 얻는 심오함과 충일감은 사라졌음을 인정하지 않을 수 없다. 왜 우리는 스스로 만든 의미체계 내의 더 크고 깊은 의미를 누리지 못하고 존재의 의미를 부정하는 결론을 내리며 살아야 할까? 왜 우리는 의미 속에 살고 의미를 추구하며 살면서도 그 의미들의 가치를 깎아내리는 허무주의를 받아들인단 말인가. 허무주의에 빠진 사람들조차도 일상의 삶에 있어서는 사소하나마 의미를 찾으며 살아갈 텐데 말이다.

*
* *

다시 한번 우리를 진리의 상실과 허무주의로 이끈 형이상학적 욕구에 대해 살펴볼 시간이다. 의미와 언어의 공동체에서 자라나 역사적으로 전승된 진리와 실재에 대한 사고를 물려받은 우리는 자연스럽게 형이상학적 욕구를 가지게 된다. 형이상학적 욕구는 존재, 진리, 실재, 무, 도, 열반, 신과 같은 개념을 수단으로 인식과 사유의 언어적 체계가 설정한 한계를 초월하고자 한다. 형이상학적 욕구는 우리가 거주하는 의미의 세계를 넘어서고자 하는 욕구이며 나아가 자아를 초월하고자 하는 욕구라할 수 있는데, 우리가 형이상학적 욕구를 가지게 된 이유는 의미의 세계에 사는 한 우리의 자아가 본질에 있어 한계에 갇혀 있기 때문이다.

 의미를 창조한 우리는 필연적으로 의미의 한계에 갇힌다. 우리는 의미와 사고체계에 갇힐 수 있는 유일한 존재이다. 강아지나 망아지는 울타리에 가둘 수는 있어도 의미에 가둘 수는 없다. 하지만 인간은 의미와 체계 속에 갇힌다. 의미는 우리가 생존하는 환경이며, 환경은 언제나 환경 속의 개체에 일정한 한계이기 때문이다. 인간은 의미라는 환경에서 생활하므로 의미의 한계 속에서 살아가게 된다.

 간단한 예로 길거리에서 친구들과 함께 행인을 폭행하여 체포된 소년은 물리적으로 감옥에 갇혀 있을 뿐 아니라 심리적으로 의미체계 속에 갇혀 있다. 그는 재판을 기다리고 있다. 재판은 법과 도덕을 위반한 구성원을 공동체가 단죄하는 절차이다. 소년은 기대에 어긋난 행동을 했다는 이유로 가족들의 비난을 받는 한편 그들 세계의 의리를 지켰다고 생각하는 친구들의 응원을 받는다. 그는 자신의 평판과 가정과 사회에서의 존재 의미 사이에서 갈등하며 끊임없이 자기 자신의 옳음을 확인하려 한다. 물론 그 옳음은 스스로 만들어낸 것이 아니라 사회가 제공한 여러 옳음 사이의 선택이다.

 소년은 가까운 미래에 있을 재판 결과를 걱정하며 조금 더 먼 미래인 자신의 인생행로에 대해 불안해한다. 그는 물리적으로 감옥에 갇혀 고통스러울 뿐 아니라 심리적으로는 사회와 의미에

간혀 괴로움을 겪는다. 의미에의 갇힘은 단순히 소년이 감옥 안에 있기 때문이 아니다. 그는 재판을 마치고 감옥을 나와서도 여전히 의미의 감옥 속에 있게 된다. 그는 의미체계의 사다리를 오르기를 원하며 궁극적으로는 — 아직 표면적으로는 드러나지 않은 잠재적인 욕구에 그치더라도 — 의미에서 탈출하기를 원하게 된다. 이것은 마치 사람들이 사회에서 생존하여 성공하기를 바라면서도 한편으로는 사회를 벗어나 사람이 없는 곳으로 떠나기를 원하는 것과 비슷하다.

의미의 공동체나 의미체계는 좋은 의미에서건 나쁜 의미에서건 일종의 감옥이다. 감옥을 떠나서는 인간으로 존재할 수 없다는 점에서는 긍정적이지만, 심리적 한계의 자각과 탈출의 욕망은 필연적인 결과물이다. 우리는 언어와 개념으로 소통하고 사유하며 공동체 속에서 수많은 의미를 만들어내지만, 의미들은 우리 자신을 한계에 가둔다. 인간은 무한의 세계가 아닌 의미의 세계, 존재의 세계에서 살아가며, 그 한계와 한계의 자각으로부터 솟구치는 무한을 향한 형이상학적 욕구는 삶의 그림자로서 늘 우리와 동행한다.

의미는 한계로 작용한다. 언어적 의미는 지시하고자 하는 대상과 뜻의 일치를 요구하며, 도덕적 의미는 사회의 요구에 따른 행위의 한계를 설정한다. 그리고 의미에 따른 성장은 우리의 사고를 분별에 기초하게 하고 의미 이전에 존재했던 자연과의 전체성을 망각하게 한다. 자연과의 합일이 옳다거나 자연으로 돌아가자는 뜻으로 말하는 것은 아니다. 동물을 넘어선 인간은 본질에 있어 사회 속의 존재이다. 다만 그렇기에 그 한계로부터의 탈출 욕구는 무의식적으로 의미 이전의 상태인 자연과의 합일이나 무한을 향하도록 설정된다.

우리가 한계를 해소하기 위한 수단으로 만들어낸 여러 형이상학적 개념들이 바로 그것들이다. 신이나 열반, 도와 무의 세계는 그 자체로도 이미 하나의 의미로서 한계와 분별을 품고 있기는 하지만, 그래도 의미의 한계에서 탈출할 수 있도록 설정된 형이상학적 이념들이다. 신이나 열반은 의미체계 가장 높은 곳에 자리하여 의미와 분별에 따른 우리의 정신적 분열을 치유하도록 설정되었으며, 절대성과 무한의 의미로서 가상적이라 하더라도 한계초월의 기회를 제공한다. 우리는 이런 형이상학적 이념들을 통해 의미체계 바깥으로 나갈 수 있다고 믿으며 새장으로부터의 탈출을 꿈꾼다.

*
* *

형이상학적 욕구는 이처럼 언어공동체에서 거주하는 우리의 본질적 욕구이지만, 철학의 발전은 진리와 참된 세계로 표현되는 형이상학적이고 초월적인 개념들이 우리 사고의 투영에 불과함을 점점 밝혀가고 있다. 또 그런 중심적 개념의 상실을 극복하기 위한 나만의 가치설정이라는 원대한 구상도, 일시적인 자유의 느낌을 넘는 근본적인 상실감 극복에는 도움이 되지 않고 오히려 허무주의의 부메랑이 되기 쉽다.

위버멘쉬와 같은 자기만의 가치 추구로는 근원적인 형이상학적 욕구를 충족하기에 부족하다면, 우리가 절대적인 귀의에서 느꼈던 예전의 충일감을 회복하여 누릴 방법이 더는 없을까? 우리는 심오하고 숭고한 의미의 추구를 단념하고 형이상학적 존재들이 모두 사라진 창백한 실용주의의 세계로 후퇴해야 할까?

트램펄린에서 흔들리며 의미의 한계를 자각하는 우리는 깊고 심오한 삶의 의미를 발견하고 싶어 한다. 존재의 의미가 공동체의 역사가 가꿔온 것임을 알았다 하더라도 여전히 우리는 형이상학적 욕구에 기초한 정신적 충일감을 원한다. 하지만 일상의 사소함 속에서, 그리고 더 큰 실재나 진리로 생각되었던 의미들이 우리 자신의 창작물에 불과하다는 허망함 속에서, 우리는 어떻게 삶의 심오한 의미를 발견하고 그 의미들에 헌신하며 살아갈 것인가? 사실 의미를 탐색한 이유는 의미에 헌신하기 위함이었고 헌신을 통해서 삶과 존재의 의미를 발견하기 위함이었다. 그런데 그 의미들이 오히려 우리가 심고 가꾸어 온 것에 불과하다니 말이다.

이 두 가지의 사실을 화해시킬 수는 없을까?

    실재나 진리가 우리의 경험과 사고의 투영임을 인정하면서도 동시에, 모순되어 보이지만 그 투영을 통한 무한의 추구가 우리의 본질임을 인정할 수는 없을까? 실재가 존재하지 않는다는 사실을 인정하면서도 실재를 향한 형이상학적 욕구의 가치를 깎아내리지는 않고 그것을 우호적으로 인정하는 것이다. 실재 자체가 형이상학적 욕구에 따라 만들어진 것이지만 그러한 투영의 욕구가 우리의 본질적인 부분임을 거부하지 않고 받아들이자는 것이다.

    더 나아가 실재는 존재하지 않는다는 사실을 인정하면서도 인류가 실재를 탐구하고 찾는 과정에서 발견한 성과들을 현대적으로 재해석하여 다시 채택할 수는 없을까? 그럴 수만 있다면 진리와 참된 세계를 탐색하고 발견하고자 하는 과정에서 누렸던 심오함과 지복至福의 감정을 현대인도 누릴 수 있을 것이다. 비트겐슈타인이 말한 사고의 중단으로 스스로 신비스럽게 드러나는 사물들이 말 그대로 실재라고 할 수는 없더라도, 그래도 그 실재와의 대면이 주는 의미와 방법을 되새겨보자는 것이다.

    2장에서 잠깐 언급했던 실재를 추구하는 과정에서 수행자들이 경험했던 신비주의적 체험은, 신이나 자연과의 합일과 같이 자아가 다른 실체와 합일되거나 사라지는 경험으로서 실재나 객관성 혹은 언어로 표현할 수 없는 어떤 것의 체험이며, 지적인 과정이 중단되고 모순되는 상황들이 통일되면서 말할 수 없는 기쁨과 충일감을 느끼는 특수한 의식상태의 경험이다. 이러한 경험에서 가장 중요한 자리를 차지하는 것은 합일이나 자아의 비어 있음의 느낌으로서 일시적인 자아의 초월상태[101]이다. 이러한 자아의 초월상태는 언어적 사고의 중단으로 세계나 의식과의 직접적인 대면의 느낌을 주며 넘치는 행복감이 동반된다. 자아의 일시적 초월을 겪은 체험자는 그전보다 고양되고 의식 있는 삶을 살아간다고 하며 종교나 명상의 지도자가 되기도 한다.

이처럼 역사적으로 수행자들은 신이나 자연과의 합일이나 자아의 초월을 통해서 의미의 한계를 초월하기 위한 시도 — 의미의 한계를 초월한다는 인식이 있었든 없었든 — 를 해왔다. 그 방법론에는 대부분 신과 진리, 열반과 같은 형이상학적 개념들이 동반되고 있지만, 현대적인 시각에서는 형이상학적 이념을 추구하는 과정에서 겪은 자아 초월의 경험 자체에 중점을 두어 바라볼 수도 있다. 전통적인 종교적, 형이상학적 이념들을 예전 그대로는 받아들이지 않더라도 그 성과를 받아들여 형이상학적

---

101) 인간이 일시적으로라도 자아를 초월할 수 있는지는 각자의 관점과 연구하는 분야에 따라서 서로 다른 결론에 이를 것으로 생각한다. 자아를 인간 각자의 정신 활동이나 뇌 활동이라 본다면 일시적이라는 조건을 붙이더라도 초월 불가능하다는 결론이 도출될 것이다. 그러나 자아를 인간의 언어적 심상으로서의 나라는 이미지로 국한해서 본다면, 인간의 자아는 의식적이든 무의식적이든 수시로 그 활동을 멈출 수 있다. 다만 나는 신비주의자들이 수행과정의 어느 단계에서 경험하고 그 이후의 삶에 변혁을 가져온 체험으로서의 자아의 합일 또는 비어 있음의 느낌을 자아의 일시적 초월상태로 부르고자 한다.

욕구의 충족을 얻을 수 있다면, 우리는 실재의 부재와 우리의 본질을 양립시키는 화해를 얻을 수 있을지도 모른다.

*
* *

　이 점에서 현대철학의 한 사조인 현상학이 기독교 신비주의의 영향 아래, 내면적 체험을 중시하면서도 종교적, 목적론적 추구가 아닌 엄밀하고 객관적인 접근을 통해서, 의식에서 현상하는 자아의 활동과 불안, 그리고 정신 내적인 절대자를 발견하려 하였다는 점은 시사하는 바가 크다.

　현상학의 주창자로서 하이데거의 스승인 후설E. Husserl의 철학은 직접적으로 기독교 신비주의를 연구한 것은 아니지만, '절대자로서의 의식'을 현상학적 방법으로 확보하고자 한 점에서, 의식 내적인 침잠과 탐구를 통해 신이나 자연과의 합일을 추구한 신비주의의 특성과 유사하다. 후설의 현상학은 인간의 내면적 의식 속에 진리의 근거가 있다고 보는 점에서 내적 체험을 중시하는 신비주의의 일반적 특성과 전통을 긍정적으로 발전시키고 있으며, 또 이런 현상학과 신비주의적 전통은 일상적 태도에 대한 비판과 반성을 통해 철학적 태도로 진입하고 여기서 진리의 근거

를 찾으려고 한다는 점에서 공통점이 있다.[102) 103)]

『존재와 시간』 등을 통해 인간존재와 존재 자체에 관한 사고에 천착했던 하이데거의 철학적 토대도 기독교 신비주의의 영향을 많이 받았다. 하이데거는 중세 독일의 신비주의 신학자 에크하르트(Meister Eckhart)의 '신성을 향한 신비주의적 삶'을 '무를 향한 현존재의 지향적 삶'으로 해석하여 존재의 충일감 회복을 위한 새로운 시각을 제공한다. 에크하르트에 따르면 신의 본질은 성질을 가지지 않은 것이기에 규정할 수 없는 것이며, 다만 신성은 존재하지 않는 것으로서의 무성無性이 아니라 출산하는 신으로서 가능성의 무성으로 파악된다. 하이데거는 에크하르트의 신에 관한 사고를 현존재와 연관 지어, 현존재가 무 안에 들어서 있으며, 현존재는 어떤 식으로든 존재를 이해하고 있으나 눈앞의 것에 매여 자신의 존재와 무에 대한 통찰을 상실할 수 있다고 말한다. 그는 그런 통찰을 망각한 현존재의 비본래성에 대한 각성

---

102) 박인철, 「현상학과 신비주의: 후설 현상학을 중심으로」, 철학연구, 2013, 103호, 81쪽 이하.

103) 박인철이 상세히 논하는 후설의 초월론적 의식이나 절대자로서의 의식에 관한 사고 (박인철, 「현상학과 신비주의: 후설 현상학을 중심으로」, 2013)는, 명상과 신비주의를 지지하는 나로서도 쉽게 받아들이기 어려운 면이 있다. 명상의 현대적 의미는 의식 내에서 절대성이나 무한성을 확보하고자 하는 것이 아니라, 의식의 활동을 바라봄으로써 나와 세계의 의미를 깨닫고 공동체 속의 인간으로 되돌아오고자 함이라 생각하기 때문이다. 어떻든 신비주의가 특정 시대와 문화에만 타당한 일시적인 현상이 아니라 인간의 근원적인 본성을 드러내는 인류 보편적 현상이며, 따라서 현대를 사는 우리에게도 여전히 의미가 있고 철학적으로 해명해야 할 이유가 있다는 박인철의 주장에는 더할 나위 없이 공감이 간다.

을 위해, 신비주의적 삶의 방식들인 초연함, 초탈함, 내맡김 등을 강조한다. 인간은 무의 경험으로써 자기소외의 몰락에서 벗어나 본래적인 자기 존재와 세계의 의미를 새롭게 획득할 수 있다는 것이다.[104] [105]

하이데거는 개별적 삶의 역사성에 대한 현상학적 이해[106]를 통해 집착으로부터 자유로운 신비주의적 삶을 끌어낼 수 있다고 한다. 신비주의자는 시간적인 실존의 유한성을 받아들이면서 지속적인 변형을 시도함으로써 삶에 대한 근원적인 각성과 본래성의 회복을 가능하게 한다. 철학적 신비주의는 철학과 신학을 연결하여 신비주의자와 같은 반성적이고 비판적인 자기 이해의 훈련을 중시한다. 그러한 훈련을 통해 일상적 의식을 넘어 근원적인 삶의 의식을 회복하는데, 여기에는 통속적인 경험과 사유를 넘어 신비적 인식에 도달하는 비약을 요구하며, 이것은 하이데거에게는 신과의 합일이 아닌 현존재의 존재 회복을 위한 실존적

---

104) 김재철, 「하이데거의 철학적 신비주의」, 한국동서철학회논문집 동서철학연구 제92호, 2019년 6월, 401~404쪽.

105) 박욱주 역시 「신비주의의 현상학: 종교적–신비적 체험에 대한 하이데거의 성찰」(현대 유럽철학연구 제50집, 2018)에서 이와 유사한 취지로 하이데거가 말하는 실존적 불안과 존재(절대자)에의 내맡김을 통한 본래적 실존의 회복을 논하고 있다.

106) 경험과 불안을 포함한 개별 자아의 의식 내적인 현상에 대한 이해라고 생각하면 될 것 같다. 명상에서 자아의 활동을 관조하는 것과 유사한 의미로 썼다고 이해하면, 하이데거의 본뜻을 다 표현하지는 못해도 아주 어긋나지는 않으리라 생각한다.

결단이 된다.[107) 108)]

자아의 초월이나 자아의 내맡김을 통한 이러한 존재 회복의 제시는 종교적인 색채를 제거한다면 종교인이 아닌 사람에게도 가치의 상실과 허무주의의 극복을 향한 중요한 디딤돌이 될 수 있다. 의미와 사유의 체계가 한계로 기능할 때, 한계가 한계일 수 있는 이유는 한계를 자각하는 주체가 있기 때문인데, 자아의 초월은 한계를 느끼는 주체를 소멸시킴으로써 — 아주 순간적이고 일시적이라 할지라도 — 체계 바깥으로의 초월을 가능하게 하기 때문이다.

의미가 감옥인 이유는 내가 의미의 세계에서 살아가기 때문인데, 감옥이 사라지지 않는다면 반대로 내가 사라지면 되는 셈이다.[109)] 자아는 한계의 극복을 위해 사회적, 경제적 권력을 추구

---

107) 김재철, 「하이데거의 철학적 신비주의」, 2019, 405~407쪽.

108) 하이데거의 표현들이 매우 난해하지만, 지속적인 자아의 내적인 응시나 관조의 훈련을 통해, 자아의 역사성과 전체성을 근원적으로 이해해내는 신비적 체험이나 도약으로 현존재의 존재 의미 회복에 도달할 수 있다는 뜻으로 이해할 수 있다.
박욱주에 따르면, 하이데거는 기독교 신비주의자들의 체험을 신과의 합일이나 절대자와의 합일로 해석하고 있으므로, 하이데거가 말하는 존재의 회복 역시 위와 같은 절대자와의 합일과 근친성이 있는 것으로 보인다. (박욱주, 「신비주의의 현상학: 종교적-신비적 체험에 대한 하이데거의 성찰」, 2018 참조) 하이데거가 구사하는 용어 "존재"나 "존재의 회복"에 관한 여러 주장이 있지만, 종교적인 색채 역시 많이 남아 있다고 볼 수 있을 것이다. (이수정, 「하이데거 그의 물음들을 묻는다」, 생각의 나무, 2010, 11장 참조)

109) 야스퍼스는 주객 분열에서 벗어날 수 있는 두 가지 길을 제시한다. 첫째, 신비적 경험으로서 주체와 객체의 신비적 융합으로 모든 형태의 자아가 대상과 함께 사라지는 길. 둘째, 포괄자(의식, 정신, 실존, 초월자에 관한 야스퍼스의 표현) 그 자체를 내적으

하기도 하지만, 자아의 권력 확대만으로는 의미체계를 초월하지는 못하므로 자아 내적인 소멸을 통해 한계의 초월을 시도하는 것이다. 기독교에서의 신과의 합일, 힌두교에서의 브라만과의 합일, 동양에서의 공이나 무에의 귀의는 무한을 향한 종교적 도약이라 할 수 있는데, 이제는 종교적 이념을 떠나 의식 내적인 이해와 성찰을 강조하여 자아의 초월 자체로서 현대적으로 제시될 수 있다.

물론 자아 초월의 시도들은 대부분 종교적 이상과 관련되어 있으므로, 종교적 색채를 배제한 상태에서 그러한 시도를 할 수 있을지 의문이 드는 것은 당연하다. 그러나 앞서 본 현상학자들도 기독교 신비주의 전통에서 출발하였지만 종교적 목적을 넘어 실존적 차원에서 신비주의자들의 정신적 삶을 분석하고 있으며, 그들이 실존의 유한성에 대한 각성과 초월의 시도 끝에 신비적 인식에 도달하였음을 밝히고 있다. 나아가 하이데거는 그러한 신비적 인식을 신과의 합일이 아닌 존재 회복이라 표현한다. 신비주의자들의 내면의 삶을 채우는 자아의 초월 욕구나 절대성

로 자각하는 것에 의하여 주객 분열을 넘어 인간의 자기의식 전환을 가져오는 길이다. (야스퍼스, 『계시에 직면한 철학적 신앙』, 1989, 139쪽 이하 참조)
야스퍼스가 말하는 신비적 경험(첫 번째 길)이 정신의 내적 자각(두 번째 길)을 불러일으킨다면 하이데거가 말하는 철학적 신비주의와도 유사한 주장이라 할 수 있다. 그렇게 본다면 각자의 생각은 조금 달랐더라도 하이데거의 무나 존재는 야스퍼스에게는 초월자라 할 수 있을 것이다.

이나 진리를 향한 동경은 본질에 있어 보통 사람들의 내면과 다를 바 없으므로, 그러한 종교적 시도를 하이데거처럼 현대적으로 재해석하지 못할 이유는 없을 것이다.

신비주의자들의 내면에서 추구되는 의미들은 앞서 1, 2장에서 보았듯 인간 자아의 본질적인 부분이고, 나아가 하이데거는 물론이고 누구라도 신이나 절대자 또는 진리에 대한 추구를 동력으로 하여 철학적 탐구에 나서는 것이므로, 출발점이 종교라 하여 종착점까지 같을 필요는 없다. 인간이 다른 동물과 다르다는 것을 밝히기 위해 생물학적 연구를 계속한 끝에 인간도 마찬가지로 동물이라는 사실을 밝혔다 해서 이상한 것은 없다. 우리는 우리의 본질에 부합하는 한 종교적 이상이라도 얼마든지 현대적으로 재해석할 수 있다.[110]

---

110) 반면에 박욱주는 하이데거의 저서 『종교적 삶의 현상학』의 분석에 있어 종교적 관점을 유지하고 있다. 박욱주는, 하이데거에게 개별적이고 실존적인 신의 경험에도 불구하고 인간이 끊임없이 이론화를 추구하는 근원은 불안이며, 이러한 불안이 인간을 신에 대한 절대적 의존성으로 나아가게 함으로써 종교적-신비적 체험을 가능하게 한다고 한다. 그 해설을 따라가자면 하이데거가 말하는 존재는 신이나 절대자로 암시되는데, 박욱주는 나아가 하이데거의 신비주의 성찰이 자기만의 고유한 종교적-신비적 체험의 성전을 각자 새롭게 재건해야 할 당위성을 강조한다고 말하는바, 이와 같은 관점은 매우 종교적인 관점이라 할 수 있을 것이다. (박욱주, 「신비주의의 현상학: 종교적-신비적 체험에 대한 하이데거의 성찰」, 2018 참조)
하지만 여기서 계속 언급되는 (세속에서의) '분리됨', (절대자에의) '내맡김', '절대자' 등의 개념들은 앞서 1, 2장에서 말한 인간 자아의 보편적인 내면적 문제이다. 또 "종교적 체험의 본질적 특성인 생동하는 불안의 경험을 계기로 삼는 원초적인 안정감의 추구가, 개별 실존을 절대자 앞으로 내세워 끊임없이 신비적 체험을 희구하도록 만드는 근원적 동기로 작동한다."라는 하이데거의 지적은, 절대성을 향한 인간의 본질적인 형이상학적 욕구를 잘 그려내고 있다고 할 수 있을 것 같다. 물론 절대성이 주어져 있어

진정한 문제는 이러한 종교적 노력을 세속적 노력으로 전환할 수 있느냐보다는, 의미의 한계를 극복하여 일시적으로 초월적 상태에 도달한다고 해도 그런 자아의 일시적 초월이 형이상학적 욕구나 허무주의 극복에 어떤 의미나 영향을 줄 수 있느냐 하는 것이다. 그러한 초월이 자아와 의미를 회복시켜 우리를 허무주의의 덫에서 벗어나게 할 수 있을까? 하이데거의 표현을 따르자면, 현존재의 존재 회복에 도움이 되기는 할까?

여러 의문에 앞서 우선은, 자아의 초월이 일시적으로만 가능한지, 아니면 인간이 영원히 자아를 초월할 수 있을지 궁금하기만 하다. 우리는 자아를 초월하여 흔들림 없는 저 높은 곳에 영원히 머무를 수 있을까?

**

인간은 간단히 말해 자아라고 할 수 있다. 인간은 언어와 개념으로 의사소통하는 언어공동체에서 자라나 공동체의 도덕 공간 속에서 분투하면서 자기 삶의 의미를 탐색하며 살아가는 존재라 할 수 있는데, 그런 의미가 자아라는 표현 속에 농축되어 있다. 자아가 없는 사람은 없다. 생물학적인 의미에서만 인간일

우리가 추구하는 것이 아니라, 언어공동체적 삶, 의미체계 내에서의 삶이 그것을 생성해내고 추구하도록 한다는 점은 1, 2장에서 살펴본 바와 같다.

뿐 자아가 형성되지 않으면, 예를 들어 오래전 인도에서 발견된 늑대 소녀들 같은 경우는, 인도적인 차원에서는 인간이지만 자아를 가진 보통의 인간 주체와는 다르다고 할 수 있다. 사회에서 살아가는 한, 즉 주체로 활동하는 인간은 누구나 자아를 가지고 있다.

자아는 '나'라는 관념으로서 언어적 현상이다. 동물도 개체로서 살아가므로 자아가 있지 않을까 생각할 수도 있지만, 자아는 개체성이 아니라 개체들이 가진 '나'라는 심상이며 언어적 관념이다. 동물들이 의식을 가진 개체로서 환경 속에서 활동하며 생존하는 자신을 느끼겠지만 그것은 아직 '나'라는 언어적 관념으로 자라지 못했다. 우리가 가진 자아는 '나'라는 언어적 형태로서 자리 잡은 심적 이미지이다.

자아는 언어적 형태를 띰으로써 비로소 자아가 된다. 언어적 형태를 띠지 않으면 의식의 흐름은 자연적 흐름을 끊지 못한 채 규정되지 않은 모호함으로 드러날 수밖에 없다. 언어를 사용하여, 나라는 관념과 단어로 우리는 자아를 의식 속에 붙잡게 된다. 언어로 확립된 상像이라고 함은 자아가 언어를 통한 사회적 의사소통으로 생겨났다는 뜻이 된다. 따라서 자아의 초월을 말하자면 언어에서 벗어난 인간이 존재할 수 있는지 하는 근본적 질문에 부딪히게 된다.

자아가 언어적 관념이라는 뜻은 언어를 사용하는 사회 없이는 자아가 있을 수 없다는 의미이며, 따라서 자아는 사회적 산물이다. 동물들이 자아를 가지지 못하는 이유는 사회가 없기 때문이고 언어적 의사소통이 없기 때문이다. 사회에서 '나'의 존재를 확립해 가면서, 사회구성원으로서 행위와 의사소통의 주체로서 인정받아감으로써 비로소 '나'는 형성된다. 사회가 주체로서 인정해주지 않으면 '나'는 애초에 형성될 수도 없는 것이다.

칸트의 선험철학에 영향을 받은 독일 관념론 철학자들은 자아의 절대성을 주장하기도 했다. 피히테^{J. G. Fichte}는 자아가 자기 자신을 정립하며 스스로 존재하는 절대적 주관이라고 주장했고, 셸링^{F. W. J. Schelling}은 자아는 모든 사고와 표상에 선행하는 존재로서, 자기의 전 실재성과 실질성을 오로지 자기 자신을 통해서 얻는, 절대자라 일컬을 수 있는 유일한 것이라고 주장했다. 그들에 따르면 자아는 유일한 실체인 셈이며 사회를 전제하지 않고도 존재할 수 있다.

그러한 절대적 자아관은 현대에 와서는 더는 받아들여지지 않게 되었다. 오히려 자아로서의 '나'가 실제로는 타인과 사회에 의하여 형성되었음이 아주 세세히 밝혀져 왔다. 정신분석학자 라캉^{J. Lacan}은 나를 형성하는 욕망을 남의 욕망의 대상이 되기를 원하는 욕망이라 분석함으로써, 나의 심리적 욕망이 타인의 욕망을 전제로 이루어져 있음을 강조했으며,[111] 불교 철학에서도 나의 욕망은 사실은 내 것이라고 할 만한 게 없다는 점을 누차 강조해 왔다.[112] 하이데거는 『존재와 시간』에서 현존재는 언제나 세계-내-존재이며 타인과 함께하는 공(共)존재로서 타인들에 의하여 구조화되었고, 나의 생활과 행동은 대부분 타인의 생산물과 규범에 따라 이루어지므로, 현존재는 일상적으로 타인들의 통치에 예속되어 있다고 밝히고 있다.

찰스 테일러(Charles Taylor)는 『자아의 원천들』에서 도덕 공간 속에 있는 자아의 특징들에 대해 말하면서, 과학적 연구 대상에 대해서는 일반적으로 참이지만 자아에는 적용되지 않는 것들이 있다

---

111) 홍준기는 "인간의 욕망은 타자의 욕망"이라는 라캉의 주장을 두 가지 의미로 요약하고 있다. 첫째, 인간은 타자의 욕망의 대상이 되기를 원한다는 의미이다. 욕구의 대상은 자연적, 물리적 사물인데 욕망의 대상은 타자의 욕망이다. 무엇보다도 인간은 타자의 성적 욕망의 대상이 되기를, 또 타자로부터 인정받기를 욕망한다. 둘째, 인간의 욕망은 타자의 욕망 속에서 형성된다는 의미이다. 어린아이의 욕망은 부모(타자)의 욕망 속에서 형성된다. 인간의 욕망이 타자의 욕망으로 형성된다는 사실은 인간 주체가 타인과 사회 없이는 존재할 수 없다는 뜻이 된다. (홍준기, 「자크 라캉, 프로이트로의 복귀」, 김상환·홍준기 엮음, 『라깡의 재탄생』, 창작과비평사, 2002 참조)

112) 자아에 관한 불교의 관점은 초기원시불교에서 부파불교를 거쳐 대승불교로 이어지면서 변화하였다. (조용길 편역, 『불교의 존재론』, 도서출판 해조음, 2007, 참조)
초기 불교는 자아에 관해서는 무아사상, 즉 자아는 영원하지 않으므로 집착하지 말라는 생각에 중점을 두었다. 부처 이전에 형성된 우파니샤드의 철학에서는 자아 내의 아트만이 대우주인 브라만과 합일하는 것에 해탈이 있다고 보고 아트만의 탐구를 가장 의미 있게 생각하였는데, 부처는 아트만을 부정하는 듯 자아가 영원하지 않으니 집착하지 말라는 무아의 설교를 했다고 한다. 이러한 무아사상은 대승불교가 나타난 기원후 2, 3세기경 중관학파의 '공' 사상으로 발전하다가 4, 5세기경의 유식 불교사상으로 이어지는데, 유식사상은 거꾸로 오직 식(인식, 마음)만이 존재하고 외부의 세계는 실재하지 않는다는 존재론으로 나아갔다. 어떻든 자아의 실질적인 내용을 부정하는 무아사상은 불교 철학의 핵심적인 내용으로 알려져 있다.

고 말한다. 과학적 연구 대상은 그 자체로 객관적으로 취급되어야 하므로, 그것이 우리나 다른 주체에게 어떤 의미를 갖느냐는 중요하지 않은데, 자아는 반대로 자아가 다른 주체들 또는 자아 자신에게 어떤 의미를 갖느냐가 중요하다고 한다. 자기 해석을 가지는 자아는 항상 환경과 연관되어 서술되며, 따라서 자아의 모든 점에 대해 명시적으로 서술하는 것은 불가능하다.[113]

테일러는 어떤 문제들이 우리에게 의미를 지니는 한에서만 우리는 자아이며, 자아로서의 나의 정체성은 본질상 사물이 나에게 어떤 중요성이 있느냐에 달려 있다고 한다. 한 사람의 자기 해석을 떼어 놓고 그가 어떤 사람인가를 묻는 것은 근본적으로 오도(誤導)된 질문이며 원칙적으로 대답이 있을 수 없는 질문이다. 우리는 심장과 폐 같은 장기를 가진 방식으로 자아를 갖고 있지 않다. 우리가 이 장기들을 가진 존재인 것은 우리의 자기 이해나 사물이 우리에게 갖는 의미와는 무관하지만, 자아는 반대로 오직 어떤 질문들의 공간에서 움직이는 한에서만, 그리고 선(善)으로의 방향을 추구하고 발견하는 한에서만 자아이다. 따라서 자아나 인간은 보통 이해되는 의미에서의 대상과 같지 않으며, 자아는 사물이 우리에게 어떤 의미를 갖는지의 문제라는 것이다.

테일러에 따르면 자아는 언어로 구성되어 있고 언어는 언어공

---

113) 찰스 테일러, 『자아의 원천들』, 권기돈·하주영 옮김, 새물결, 2015, 17쪽 이하.

동체 내에서만 존재하고 유지되므로, 우리는 다른 자아 가운데에서만 자아일 수 있다. 자아는 결코 주변의 인간들과 무관하게 서술될 수 없다. 나 자신만으로는 자아가 될 수 없으며, 나는 어떠한 대화자들과 관계를 맺을 때만 자아이다. 자아는 대화의 망에서만 존재한다. 따라서 대화로 불려 들어가는 것은 인간 정체성을 확립하는 전제조건이다.

*
* *

언어적, 사회적 현상으로서의 자아를 떠나 심리적 이미지로서의 자아를 들여다보면, 자아는 심리 현상으로서 심리적 메커니즘을 따르는데, 인간이 동물로서 가진 자기보호본능은 심리적으로 프로이트S. Freud가 말한 바와 같은 에고ego의 방어기제로 드러난다. 방어기제는 부정, 억압, 회피, 합리화, 투사, 승화 등 여러 가지 방법으로 자아를 심리적으로 보호한다. 방어기제는 의식적으로나 무의식적으로 자아를 강화하며, 자아의 취약함을 보호하기 위해 스스로에 자신을 과장하거나 축소하여 보여줌으로써 자아의 현실적인 모습을 숨긴다.

심리적 이미지인 '나'는 공동체 환경에서 내가 옳거나 승리하면 행복하고, 내가 틀리거나 패배하면 괴로움을 느끼는 감정의 기복을 겪으면서 사회생활을 한다. '나'는 쾌락을 추구하고 불쾌를

피한다. 자아는 육체적으로뿐만 아니라 심리적으로도 즐거움을 찾으며 고통을 피하고자 한다. 자아는 사회적, 정치적, 경제적으로 자신이 정당하기를 원하며 높은 지위를 차지하기를 원한다. 관계는 나의 뜻대로 흘러가야 하며, 사람들은 나를 승인하고 인정해주어야 한다. 이러한 권력욕, 소유욕, 인정욕구와 소속감의 추구 등이 심리적인 '나'의 욕망으로서 나타난다.

자아의 심리적, 사회적 욕망은 경제적, 사회적 현실과 육체적 한계 때문에 성공과 실패를 반복한다. 또 욕망의 충족은 한정적이고 일시적이며, 완전하고 계속되는 만족은 현실적으로 불가능하다. 그러므로 자아는 끝없이 욕망, 충족과 실패, 결여, 욕망의 순환에 든다. 완전한 충족이 어려운 이유는 욕망은 언제나 부족과 필요를 전제로 하기 때문이다. 즉 욕망은 결여와 충족을 반복하는 불완전한 사이클 속에 있다.

이런 자아의 특징들 속에서 문제의식이 떠오른다. 욕망을 제대로 채우지 못한다면, 차라리 욕망의 근원인 '나'를 제거하거나 극복하는 건 어떨까? 물론 이 생각은 자아를 제거하는 것이 욕망의 충족보다 더 쉽다고 생각하는 편의적인 사고이기는 하다. 또 욕망을 원인으로 형성된 나로부터 욕망만을 제거하는 것이 가능하다고 전제하고 있기도 하다. 욕망과 '나'가 별개로 존재할 수 있는 것처럼 말이다. 하지만 이런 생각이 무아상태에 도달하고자 노력했던 수많은 수행자를 탄생시킨 배경이기도 하다.

또 다른 자아의 특징은 자아가 내적으로 통일되어 있지 않다는 점이다. 자아의 어느 측면은 이것을 원하지만 다른 측면은 저것을 원한다. 자아는 여러 욕망이 혼재하는 상태로 존재하고 각각의 구성 부분들은 수시로 충돌한다. 자아의 분열적 측면은 도덕률과 동물적 욕구의 충돌에서 비롯되기도 하고, 서로 다른 도덕적 규범들 사이의 갈등에서 비롯되기도 한다. 우리는 사회의 다양한 가치들을 받아들여 개인적 욕망으로 내면화하는데 각각의 가치는 각각의 욕망으로 스며들어 자아 내적인 투쟁을 일으킨다.

자아는 여러 가지 욕망과 욕구를 중재하여 행동으로 나아간다. 하지만 행동은 단일할 수 있어도 중재 과정에는 항상 갈등이 내재하여 있다. 사회나 공동체에서 다양한 이해 집단들의 갈등이 통합되어야 하듯이 개인의 자아 내부에서도 여러 갈등과 충돌이 조정되고 봉합된다. 그리고 그 과정이 자아 내적인 고통을 불러온다. 자아는 단순하지 않으며 순수한 영혼도 아닌 셈이다. 자아가 분열적이라는 사실은 자아가 항상 선택의 문제, 가치 판단의 문제에 봉착해 있으며, 늘 선택되지 않은 가치들 — 사회적 존재로서의 가치이든 동물적 존재로서의 가치이든 — 의 공격을 받는다는 사실을 가리킨다. 따라서 자아는 끊임없이 자기를 방어해야 하며 이것이 심리적 고통의 원인이 된다.

자아는 분열적일 뿐 아니라 본질에 있어 끝없이 불안정하다.

의미의 트램펄린에서 거주하는 인간 자아는 본질적으로 끊임없이 흔들리는데, 이것을 하이데거의 표현처럼 근원적인 불안이라 부를 수도 있을 것이다. 늘 불안하여 안정을 찾는 우리의 심리적 상태는, 생물학적으로 따지자면 동물로서의 안전 욕구에 기원이 있을지도 모르나, 어떻든 인간 자아는 불안 속에서 쉬지 않고 자아의 안전과 그 안전을 보증할 옳은 것, 바람직한 것, 의미 있는 것을 찾는다. 매킨타이어가 『덕의 상실』에서 말한 것처럼, 인간은 항상 탐색하고 있고, 탐색해야 할 것이 무엇인지도 탐색하고 있는데,[114] 그러한 탐색은 자아의 불안에서 비롯되며 형이상학적 욕구의 근원이 된다.

불안정한 자아는 안정을 원하며 궁극적으로는 — 의식적으로든 무의식적으로든 — 자아의 무한한 확장을 원하거나 완전한 소멸을 원한다. 권력의 추구, 종교적 가치나 국가적 가치의 확산을 통해 자아를 강화하고자 하기도 하며, 반대로 종교적 귀의와 같은 절대성에의 심리적 의존으로 자아의 소멸을 기도하기도 한

---

114) 매킨타이어, 『덕의 상실』, 2018, 322~323쪽.
매킨타이어는 인간적 탐구의 두 가지 본질적인 특성을 얘기한다. 첫째는 확정된 최종적 텔로스(telos)에 관한 표상이 없다면 어떤 탐구의 시작도 있을 수 없다. 우리는 다른 선들을 질서 있게 정리하도록 만드는 최종적인 선 개념이 무엇인지 탐구한다. 둘째, 광부들이 금을 찾거나 지질학자들이 유전을 찾는 것처럼 이미 충분히 성격이 규명된 것에 대한 탐구가 아니다. 즉 탐구는 탐구되어야 하는 것이 무엇인지도 탐구하고 있다. 말하자면 최종적 텔로스가 무엇인지도 탐구하며, 자기 삶을 거기에 맞춰 나아가려 한다는 것이다.

다. 무한 확장이든 완전한 소멸이든, 무한성, 영원성, 절대성을 원하는 모습은 근원적 불안에서 비롯되는 인간 자아의 본질적인 모습으로서 종교와 형이상학을 견인한다.

자아가 자아를 극복하고자 함은 자아의 옳음을 절대적으로 확신하지 못하는 불안 속에서 심리적 고통을 겪기 때문이다. 자아가 어느 신념에 영원히 머무를 수 있다면, 자아는 자신의 확장이나 소멸을 원할 필요가 없다. 예를 들어 신이 진리라거나 모든 게 공*이라는 믿음을 받아들인다면, 왜 그것을 타인에게 확인하며 권유하고 설득하는가? 자아는 불안정하기 때문이다. 자아는 상대방이 그 진리를 지지해 줄 때 잠시나마 안정을 찾는다. 진리의 확장, 자아의 확장이 불안을 잠시 해소하는 것이다. 물론 자아의 본질상 진리의 확인은 멈추지 않는다.

이미 진리를 알고 있는데 왜 나는 타인과 사회의 승인을 찾아 나서는가? 자아는 자아의 불안을 자아를 태어나게 한 바로 그 사회의 인정, 인정욕구의 충족에 따른 안정성에서 해소하려 하기 때문이다. '나'는 사회에서의 소통과 승인을 통해서 자랐으므로, '나'는 끊임없이 사회적 인정으로 불안정을 해소하려 한다. 따라서 나의 진리는 상대방에게 권유, 설득, 강요되어야만 한다. 나만의 진리는 진리가 아니며 소통되어야 진리가 된다. 진리는 철저히 언어적이고 철저히 사회적이라 할 수 있는데, 그 이면에 불안정한 자아의 본질이 자리하고 있다.

자아는 어떤 명제나 신념을 진리로 받아들여 자신을 확고부동한 위치에 머물게 하려 하지만 그것은 자아의 본질에 어긋나므로 영원히 실현할 수 없는 과제가 된다.

＊＊

우리는 인간의 본질인 자아를 극복하여 궁극적인 초월이나 소멸을 성취할 수 있을까?

자아는 인간의 조건이다. 학문적인 성찰을 떠나서라도 공동체 내에서 자아 없는 인간의 삶을 상상할 수는 없다. '나'는 인간의 조건이며 삶의 기본조건이다. 사람은 사회 속에서 '나'로 존재하므로, 사람이 살아가는 한 '나'는 필수 불가결하다. 인간은 곧 '나'로 활동하므로 자아는 사라질 수 없으며, 자아의 소멸은 오직 '사회'와 '사고'를 벗어났을 때만 가능할 것이다.

자아 현상의 직시는 우리가 인간존재로서 자아를 초월할 수 있다면 그것은 일시적이고 순간적인 현상일 뿐이라는 당연한 결론으로 우리를 이끈다. 그뿐만 아니라 자아가 인간의 조건인 이상 일시적인 자아의 초월도 매우 어려운 경험이라는 것을 쉽게 예측해 볼 수 있다. 그렇다면 일시적인 자아의 초월은 어떻게 가능하며, 또 우리의 형이상학적 욕구에 어떤 영향을 줄 수 있을까?

심오함에 관하여

•

무(無)에 사다리를 놓자
어떤 사람은 사다리를 오르고
어떤 사람은 허공만을 쫓았다.

토마스 네이글Thomas Nagel은 짧은 철학 입문서 『이 모든 것은 무엇을 의미하는가?』의 마지막 장 "삶의 의미"에서, '200년 후에는 우리 모두 죽어 있을 것이기 때문에, 사실은 아무것도 중요하지 않다는 생각, 우리 인생이 무의미할 수 있다는 생각'에 대해 얘기한다. 그는 '우리는 스스로에게 객관적으로 의미 있기를 원한다. 인생이 허망한 것이며 진지한 것이 아니라면 그리고 무덤이 인생의 종착역이라면, 우리 자신을 그렇게 심각하게 여기는 게 우스울 것'이라 말한다.[115]

우리는 사소하지 않기를 원하며 삶이 헛되지 않기를 바란다. 삶이 의미 없다는 감정이나 생각은 의미를 강요하는 사고체계가 자아에 대해 부과하는 일종의 조세나 형벌이다. 회의주의나 실재의 문제 역시 존재의 의미, 삶의 의미와 떼어놓을 수 없는 부분이었다. 우리가 통속에 들어 있는 뇌에 불과하다면 삶과 존재에서 진지한 의미나 가치를 발견하기 어려울 것이다. 또 실재라는 형이상학적 장소가 존재하지 않는다면, 육체의 소멸로 그치

---

115) 네이글, 『이 모든 것은 무엇을 의미하는가?』, 2014, 131쪽 이하.

는 우리의 삶은 얼마나 허망할 것인가. 철학은 결국 존재 일반의 의미를 넘어 존재의 중심에 서 있는 우리 삶의 의미를 향한다.

우리의 사소한 일상을 심오한 의미와 깊은 충일감으로 이끈 것은 공동체에 대한 소속감과 신적인 존재들에 대한 헌신이었다. 사실 형이상학적 존재에 대한 사고가 없다면 일상적 삶과 쾌락 외에 무엇이 남는가. 신에의 귀의와 궁극적 피안으로의 초월을 바라보면서 우리는 삶에 의미를 부여했다. 일상은 신적인 의미를 지닌 의식을 통해 새롭게 태어났고, 신을 믿음으로써 범사에의 만족은 은총으로 이어졌다. 또 우리는 목적을 품고 태어난 존재로서 신적인 이상에의 합치와 같은 고귀한 목적이 우리를 위해 마련되어 있었다. 신적인 의미들은 우리를 심오하고 숭고한 존재로 이끌었다.

하지만 현대인은, 특히 니체의 후예로서 무신론자이며 그래도 진리에의 야심을 가져 철학에 관심 있는 지적인 사람들은, 어디에서 사소함을 심오함으로 인도할 이정표를 발견할 수 있을까? 현대에 이르러 사소한 것들은 사소해지지 않을 방법을 잃었다. 이것은 의미의 세계에 속한 존재에게는 참을 수 없이 모욕적인 일이다. 현대인들은 그런 모욕을 견디는 방법으로 잡담과 냉소주의적 태도, 그리고 자기 자신과 의미에 대한 자발적인 비하를 선택하고 있지만, 그것은 의미를 찾지 못한 형벌을 겪고 있음을 보여줄 뿐이다.

니체는 힘에의 의지로 자기만의 가치를 추구하라 말하지만, 힘에의 의지는 신적인 충일감과 같은 깊은 만족을 주기 어렵다. 심오한 만족은 힘이 아니라 오히려 힘에의 의지를 버리거나 힘에 반대함으로써 더 가까워진다는 사실을 우리는 역사적으로나 경험적으로 알고 있다. 말하자면 우리는 소유의 욕구가 있지만 무소유의 욕구도 있으며, 소유는 일시적인 만족감을 줄 뿐이지만 자발적인 무소유는 그것을 실천할 수만 있다면 소유가 주지 못하는 충일감으로 이어진다는 사실을 알기 때문이다.

우리는 자아가 형성되어 사회적인 위치를 찾자마자 자신의 의미를 둘러싼 분투를 시작한다. 자아는 옳음을 추구하고 의미와 가치를 찾도록 길러진다. 우리는 도덕적 존재이며, 현실의 도덕률은 더 높은 곳에 존재한다고 생각되는 형이상학적인 목적과 이념에 의해 뒷받침되어왔다. 주체는 그러한 목적과 의미를 찾지 못하면 사소함과 허망함 속에서 부족함을 느끼도록 자랐으며, 따라서 의미 추구는 주체의 조건이 되었다. 우리는 늘 옳음과 의미를 탐색한다. 그리고 현대인은 삶의 의미가 공동체에서 주어졌던 고대인과는 달리 자아 발견이라는 누구도 정답을 주지 않는 새로운 질문까지 스스로 해답을 찾아야 한다.

언어와 지식의 세계, 도덕의 세계에서만 성립하는 자아는 성립된 순간부터 의미의 한계를 자각하는데, 그러한 자각은 현재의 사소함과 헛됨을 초월하는 형이상학적 의미의 충족을 원하게 한다. 우리는 의미를 탐구하는 존재, 심오함을 추구하는 존재이며, 자신의 의미에 가능한 한 절대성을 부여하고자 하는 존재이다. 성인이 되어 자신의 왜소함을 받아들이기까지 우리가 얼마나 원대하고 아름다운 꿈을 꾸었나를 생각해 보라. 그 까닭은 우리가 의미의 사소함, 의미의 한계를 자각하며 자라기 때문이다.

의미의 한계, 의미의 구속, 의미의 결여는 언어와 의미의 본질로부터 파생되며, 따라서 자아의 본질적인 측면이다. 그런데 그 결여를 채워주고 한계를 극복해 줄 의미가 없다면 우리는 어떻게 우리 자신을 가치 있고 의미 있는 존재라 여길 것인가? 우리가 의미 있는 존재라는 격려의 말을 주고받는 것만으로는 부족하지 않은가.

존재하는 사물들이 의미 있는 이유는 보통은 그 의미를 누리는 주체가 있기 때문이다. 예를 들어, 구슬치기와 같은 사소한 놀이도 그 재미를 즐기는 아이들이 있다면 의미 있지만, 아프리카에서 수많은 어린이가 굶주려도 심각성을 느끼지 않는 사람들에게는 아무 의미 없는 일이다. 마찬가지로 자아가 존재 의미를 묻는 것은 자아의 의미를 누릴 상대를 찾는 과정이다. 자아는 공동체나 신을 향해 참다운 의미를 찾도록 양육되었다. 나는 내가 헌신할 상대에게 의미 있는 존재였다. 그렇기에 공동체와 신을 마음 깊이 받아들이는 사람들은 주어진 의미 안에서도 자신의 존재 의미와 충일감을 느낄 수 있었다.

하지만 많은 현대인에게는 나의 의미를 누릴 주체로서의 공동체나 신이 존재하지 않는다. 의미를 헌신할 대상이 없는 대신 자유와 권리를 중시하며 일상생활의 기쁨을 누린다. 그러나 일상을 누리는 기쁨은 아무리 크다고 해도 여전히 존재의 의미라는 질문을 남기며, 앞서 본 네이글의 질문처럼 사소함과 허망함으로 귀결되기 쉽다. 우리는 일상적 삶이 무엇을 위한 것이냐는 질문에 그것은 일상적 삶을 위한 것이라는 순환적 대답밖에 할 수 없다. 일상생활은 의미를 헌신할 대상을 잃었다.

현대인은 흔히들 자신에게 의미 있는 삶을 추구하라 말하지만, 나 자신을 위한 나의 의미라는 말은 존재 자신을 위한 존재라는 말만큼이나 공허하다. 의미는 누리는 자, 귀속되는 상대방이 있어야 하기 때문이다. 나의 의미는 내가 누군가에게 어떤 의미인지를 물은 것이었는데, 이제는 나 자신을 위한 나의 의미를 묻게 되었다. 그러나 나는 나에게 절대적인 의미를 지니며, 나의 모든 것은 나를 위해서 존재한다. 내가 나에게 절대적인 의미가 있다는 것은 당연한 말이지만, 더 생각해 보면 니체의 위버멘쉬처럼 자족적이고 공허한 대답이다. 나에게 나의 가치는 절대적이기도 하지만 반대로 무가치한 것이기도 하기 때문이다.

참된 세계로서의 실재와 진리를 잃은 현대인은 이제 취미나 직업 같은 자아에 봉사하는 의미들에서 자아 자신의 의미를 발견할 수밖에 없는데, 그 의미들의 사소함은 자아의 사소함으로 돌아온다. 하이데거가 말하듯 우리는 시대적 상황에 던져진 존재들로서, 우리가 추구하는 의미들은 역사와 공동체가 제공한 선택지들 속에 있다. 중세의 기독교인에게는 컴퓨터 천재가 될 기회가 없으며, 21세기를 사는 한국인에게는 독립투사의 선택지가 없다. 우리는 주어진 일련의 항목들 속에서 의미를 선택하여 자신만의 콜라주를 생성하는데, 그 선택들에 심오함의 항목이 없다면 어떻게 사소함의 덫에서 벗어날 수 있을까? 현대적 의미들은 더 큰 실재와의 합일에서 끝없이 멀어져 왔으니 말이다.

*
**

심오함의 상실과 사소함의 덫에서 벗어나기 위해, 참된 세계가 존재한다는 사고는 버리더라도 그 탐구의 성과들을 현대적으로 받아들일 수는 없는지, 또 자아의 일시적 초월이 형이상학적 욕구의 해소나 허무주의의 극복에 어떤 의미가 있는지 하는, 앞서 물었던 질문에 대답을 시도해 보자.

생각을 뒤집어, 우리를 심오하게 하였던 것은 헌신의 대상이 아니라 자기를 잊은 헌신 자체는 아니었을까? 심오함과 충일감의 원천은 대상이 아니라 대상에 접근하는 자아의 태도에서 비롯된 건 아니었을까? 전혀 다른 헌신의 대상을 찾았던 각자 다른 종파의 수행자나 종교인들이 유사한 충일감과 심오함을 발견하였다면, 그것은 대상이 아니라 헌신에서 비롯되었을 수 있다.[116] 각자의 이념이 아니라 진리와 절대성을 향하여 온몸을 던져 추구했던 헌신의 공통성이 심오함을 향한 열쇠일 수 있다는 뜻이다.

심오함이 진리의 존재로 인하여 얻어진 것이 아니라 자기를 잊은 헌신, 자아를 초월하고자 하는 헌신에서 비롯되었음을 인정하면, 우리는 진리와 절대성을 전제하지 않고도 어떻게 그 헌신을 끌어낼 수 있는지에 대해 고민해 볼 수 있다. 의미의 사소함과 한계는 사고체계와 자아에서 비롯되는 것인데, 자아가 어떻게 자아를 잊은 헌신에 이르며 그 속에서 자아를 일시적으로 초월할 수 있는지를 깊이 생각해 보자는 것이다.

우리가 예전만큼 헌신을 통하여 심오한 기쁨을 느끼지 못하는 이유는 헌신하고자 하는 의미가 사소하다고 느끼기 때문이다. 우리는 현세적 가치가 우리 존재의 의미, 삶의 근원적 의미에 관한 답을 제공하지 않는다고 생각한다. 돈과 권력, 지위의 추구는 대부분 사람의 목표이지만 그것만으로는 삶의 의미로 부족해 보인다. 중요하지만 자신의 존재 의미라는 큰 질문에 비추어 보면 사소하게 느껴진다. 특히 욕망이 가라앉은 후 자아가

---

116) 물론 2장에서도 보았듯이 그 체험의 내용이 문화적으로 구성되는 것인지, 문화를 떠나 공통되는 것인지에 대해서는 견해 차이가 있지만, 그러한 충일감과 심오함에 대해서는 별다른 입장의 차이가 없어 보인다.

자신의 의미에 대한 성찰을 시작하면 더욱 그렇다. 그리고 현세적 가치는 때로 자아의 문제를 해결하기는커녕 자아를 더욱 의미체계에 얽매이게 함으로써 문제를 악화시킨다.

현대인은 개인의 자유와 일상적 삶의 소중함을 얻는 대가로 사소함을 심오함으로 바꾸는 마법의 형이상학적 열쇠를 잃은 셈이다. 생활 속의 일상의 행위는 가치를 얻음과 동시에 잃었다. 현대에 이르러 삶은 가장 중요하게 되었지만, 한편으로는 목적을 잃었기에 가장 보잘것없게 되었다. 일상적인 삶의 승인은 긍정적인 새로운 가치를 부여했지만, 신적인 삶과의 연결고리의 약화는 심오함이라는 가치 하나를 잘라내 버림으로써 어느 면에서는 우리를 무가치한 존재로 만들어버렸다.

삶을 보잘것없게 만드는 사소함은 우리가 거주하는 의미체계에서 발원한다. 사소함은 의미의 세계에 생기는 현상이다. 의미와 사고체계 내에서 자라면서 우리는 심오함과 사소함, 고귀함과 천박함의 차이를 느끼도록 길러진다. 또 자아는 의미체계 내에서 늘 부족함을 느끼도록 형성된다. 자아는 공동체의 가치체계를 받아들이면서 차별적인 가치를 체화하여 더 높은 가치를 획득하기 위해 노력하게 되며, 그 과정에서 필연적으로 결여를 느끼게 된다. 따라서 우리는 자아의 결여를 치유하지 않는 한 심오함과 충일감에 다가설 수 없게 된다.

이 점에서 자아의 벽과 의미의 한계를 일시적으로나마 초월하였던 여러 문화권의 신비주의 체험은 의미의 사소함을 극복하려는 현대인에게 큰 시사점을 준다. 설령 체험자들이 지금은 인정하기 어려운 형이상학적 이념을 받아들였을 뿐 아니라 인간의 필수적 조건인 자아의 본질을 무시하려는 경향까지 보였다 해도, 여전히 그 시도와 성취는 현대적 해석을 통해 우리에게 새로운 의미를 줄 수 있다. 다시 말해 인류의 역사는 초월적 이념이나 더 큰 존재와의 합일을 구하는 과정에서 자아의 일시적 치유를 경험하는 전통을 가지고 있었고, 이 전통은 현대에서는 새롭게 해석될 수 있다.

앞서 보았듯이 다양한 문화권에서 서로 다른 이름의 대상을 추구하면서도 여러 면에서 유사한 자아의 치유 현상을 경험하였다는 것은, 심오함이 이념적 대상의 문제가 아니라 자아 자신의 내적 문제였음을 보여준다. 인간인 이상 자아를 영원히 초월하거나 자아의 불안을 완벽히 극복하는 것이 불가능하다 하더라도, 자아를 일시적으로 초월하거나 치유하는 경험, 즉 사유와 의미를 넘어 자아와 세계를 전혀 새로운 시각에서 바라보는 경험이 가능한 것이다.

물론 수행자들은 대부분 실재와 진리를 탐구한 끝에 그러한 체험에 이르렀던 것이므로, 그 합일의 의식상태나 자아의 비어 있음을 현대에 이르러 진리 부재를 받아들이면서 채용하는 것은 아이러니하기도 하다. 하지만 현대성과 철학은 그렇게 일견 모순되는 사실을 발견하고 조화시켜 나가는 게 아니던가. 인간이 세계의 중심임을 확인하려고 노력한 끝에 그 반대의 사실을 발견한 것처럼 말이다. 그러한 노력이 우리의 지식과 삶을 살찌웠다.

신비주의적 체험은 굳이 실재나 진리라는 표현을 쓰지 않더라도 우리의 의지적 노력의 대상이 될 수 있으며, 또 실재와 진리를 전제하지 않고도 가능하다. 오늘날 전 세계에서 종교와 무관하게 — 물론 그 기원에는 종교적 바탕이 있다 하더라도 — 자아를 다스리고 수련하는 수많은 명상 학교가 있다는 사실만 보더라도 그 점은 명백해 보인다.

자아가 사라진 순수의식 상태는 문화권에 따라 신과의 합일로 해석하거나 공의 체험으로 해석할 수 있지만, 우리는 실재를 전제하지 않고 단순히 자아의 일시적 초월, 사고의 일시적 중단으로 해석할 수 있다. 그러한 자아의 일시적 초월이 삶의 의미를 발견하고 재해석하는 계기를 마련해 준다면, 우리는 얼마든지 현대적으로 해석하여 채용할 수 있다. 우리는 신성을 믿지 않아도 성탄절을 즐길 수 있고, 해탈을 믿지 않아도 자아의 일시적 초월을 향해 노력할 수 있다.

그러한 자아의 일시적 초월을 근원적 각성이라 해도 좋고 신비적 도약이나 깨달음이라 표현해도 좋다. 어쨌든 그것은 우리가 언어 사회적 동물로서 우리 존재의 근원을 향한 의지적 노력을 한다는 것을 함축한다. 또 자아의 일시적 초월은 인간의 역사와 공동체가 마련한 선택지이므로 현대적 지식이나 사상과 조화를 이루는 데에도 아무 문제가 없다. 사실 사람들이 절대성의 내용을 깊이 알지 못하면서도 믿고자 하였던 것은, 직관적으로 이미 사고체계의 한계를 느끼고 있었으며 또 그 한계를 초월하기 위해 노력하는 과정에 있었음을 보여주는 것이다. 그러니 이름이 바뀌거나 이해의 과정이 달라졌다고 해서, 진리를 추구하여 한계를 극복하려는 인간의 본질이 달라질 것은 없다.

*
* *

자아의 일시적 초월은 어떻게 하면 가능할까? 이것은 노력과 수련의 과정에서 수반되는 실천적 문제이기는 하다. 어쨌든 선행되어야 할 것은 자아의 이해이다. 자아에 대한 철학적, 언어공동체적 이해와 심리학적 이해는 이론적 이해의 측면이며, 나아가서는 실천적으로, 심리적으로 자아를 이해하여야 한다.

이론적 이해는 자아가 사회적, 심리적 자아이며, 역사와 의미망의 체계 속에 존재하는 언어적 자아임을 이해하는 것이며, 실천적인 이해는 자신의 자아를 들여다봄으로써, 자아가 실제 심리적으로 어떻게 활동하는지 바라봄을 통해 가능하다. 철학과 심리학은 자아의 이론적 이해에 도움을 주며, 여러 명상법과 명상 학교들은 자아의 실천적 이해와 훈련을 위한 프로그램이라

해도 무방할 것이다.

실천적 이해를 위해서는 자아의 심리적 활동 과정을 지켜보아야만 하는데, 자아의 심리적 과정, 사고의 과정, 방어기제의 반응 등을 지켜봄으로써 자아의 본모습을 자아 스스로 실천적으로 알아가야 한다. 실천적 이해는 자아를 객관적으로 바라보는 과정이라 할 수 있는데, 여기에는 무시할 수 없는 심리적 어려움이 동반된다.

자아는 인정받으면 기쁘고 인정받지 못하면 괴로움을 느끼는 과정을 거쳐서 사회에서 형성되므로, 자아의 부정적인 면을 바라보기 위해서는 상당한 훈련이 필요하다. 여러 명상 학교는 각자의 방법을 제시하고 있지만, 자아는 그러한 바라봄을 막기 위한 방어기제를 준비하고 있으므로, 불안을 극복하고 바라봄을 성취하는 과정에는 자아 내부의 격렬한 충돌이 예고되어 있다. 어쨌든 가능한 한 가치판단을 배제한 채 집착을 내려놓고 자기 자신의 심리 현상을 가감 없이 바라보아야 한다.[117]

---

117) 방어기제는 자아가 심리적으로 상처받지 않기 위해 자신을 보호하는 메커니즘으로서, 부정, 억압, 회피, 합리화, 투사 등의 형태로 나타난다. 여기서 깊이 다룰 문제는 아니겠지만 이해를 위해 간단한 예를 들어 본다. 층간 소음 때문에 위층 사람에게 아이들이 뛰지 않도록 요청하고 돌아왔다고 해 보자. 우리는 자연스레 상대방이 기분이 나빴을지 모른다고 생각하게 되는데, 그러면 자아는 공손하게 말했으니 기분이 나빴을 리가 없다고 생각하거나(부정), 생각하지 말자고 자기도 모르게 생각을 억누르거나(억압), 소음이 심했으니 그 정도의 항의는 당연히 받아들여야 한다고 생각하거나(합리화), 내 책임이 아니라 소음을 일으킨 그 사람들의 책임이라 생각하거나(투사), 생각을 멈추기 위해 텔레비전을 보거나 집안일에 더 몰두하거나 한다(회피). 이와 같은 방어기

명상이라 하면 흔히 잡다한 생각을 멈춰 머릿속을 비우는 것으로 이해하기 쉽다. 그런 이해에 기초하여 사람들은 생각을 멈추기 위해 노력한다. 하지만 생각은 이미 음식을 섭취하고 배설하는 것만큼이나 우리에게는 본능적인 행위가 되어 있다. 생각을 강제로 멈출 수는 없다.

명상이 요구하는 사고의 중단은, 생각을 멈추는 것이 아니라 자기 생각을 바라봄으로써 자아를 관찰하는 것을 의미한다. 생각을 멈추거나 억누르려는 의지를 버리고 자기 생각과 의식의 흐름을 바라보는 것이다. 바라봄은 자신의 자아를 현실 그대로 가감 없이 받아들임을 의미한다. 그러한 받아들임을 방해하는 것이 심리적 방어기제인데 방어기제의 근원에는 앞서 본 심리적 불안정 또는 불안이 놓여 있다.

불안은 사전적으로는 안도감이나 확신이 상실된 심리상태를 말한다. 동물들도 불안한 정신적 상태를 가지겠지만 인간의 불안은 자아의 불안으로서, 삶의 의미에 대한 불안, 도덕적 선택 사이의 불안, 사회적 관계에서의 불안, 재산과 권력의 상실에 대한 불안, 건강과 인생의 미래에 대한 불안 등을 모두 포함한다. 자아와 마찬가지로 자아의 불안 역시 사회와 사고체계를 전제로 한다. 불안은 인간의 언어적 소통과 사고, 공동체와 도덕, 미

제의 활동은 자아의 심리적 방어를 위한 것이므로, 자아의 부정적 측면이 드러나면 더 활성화되어 자아가 있는 그대로 드러나는 것을 막으려 한다.

래 예측이 가능한 사회구조와 연결되어 있다.

하이데거는 인생에 대한 기준이 없다는 점에서의 불안, 인간이 본래적 실존을 포기하고 세상 사람들의 기준을 따르게 되면서 겪는 불안을 이야기한다. 나의 선택이 도덕적으로 잘못되었을 수도 있다는 불안, 옳은 선택을 해야 했는데 옳지 못한 길을 가는 것 같은 불안이다. 또 틸리히는 인간이 유한성을 스스로 인식하는 것을 불안으로 보며, 키르케고르는 자유와 유한성의 역설적인 상황에 서 있는 인간의 불가피한 부산물로서의 영적인 상태를 불안이라 말하는데, 이러한 다양한 의미의 불안 역시 자아가 공동체 내에서 겪는 불안이다.

불안은 자아의 심리적 방어기제를 발동시키는 근원이다. 확실성이 결여된 심리상태인 불안은 끊임없이 안전을 확보하려 하며, 그 노력이 심리적으로는 방어기제의 활동으로 나타난다. 불안은 생각을 중단하거나 바라보려고 노력하는 과정에서 더 선명하게 드러난다. 사고가 중단되면 자아는 근원적인 상태인 불안을 직시하게 됨으로써 방어기제로 더욱 불확실성을 제거하고자 하기 때문이다. 따라서 자아를 바라본다는 것은 불안을 직시하고 응시하는 것으로서 실체 없이 저변에 나타나는 불안의 활동을 보는 것이며, 불안이 활성화하는 자아의 심리적 활동을 객관적 시선으로 들여다보는 것이다.

불안은 이처럼 방어기제를 동원해 자아에 대한 관조를 방해하지만, 한편으로는 불안 상태의 자각으로 자아의 소멸이나 절대성에의 귀의를 추구하게 함으로써 자아의 일시적 초월을 가능하게 하는 원동력이기도 하다. 불안을 응시하여 자아를 지켜보고 이해하게 되면 일종의 객관적인 주관의 문이 열린다. 현자들이 강조해 온 관조는 불안 사이로 자아의 심리적 활동을 지켜보는 것에 의하여 가능해진다. 이러한 실천적인 자아 이해가 자아의 일시적 초월이라는 신비주의적 체험이나 치유에 이르게 할 것인지는 각자의 노력과 행운에 달려 있을 것이다. 다만 그 초월의 경험이 각자에게 다르게 나타난다고 하더라도 자아의 관조나 관조를 위한 노력은 허무주의 극복이나 헌신에 대해 새로운 의미를 제시할 수 있다.

*
* *

관조의 시선으로 심리 활동을 바라보게 되면 자아가 끊임없이 옳고 그름의 내적인 투쟁을 전개하고 있음을 보게 되며, 점차 그러한 옳고 그름이 절대적인 옳고 그름이 아니라 사회의 의미를 받아들여 우리 자신에게 투영한 옳고 그름이라는 사실을 알게 된다. 우리는 인간 주체로서 사회 속에서 옳고 그름을 따져야 하지만, 그 옳고 그름은 절대성의 세계에서가 아니라 공동체의 역사와 의미의 체계에서 왔음을 직관적으로 그리고 실천적으로 알게 된다. 명상과 관조를 통해, 삶을 살아감에 있어 옳고 그름을 따지되 절대적인 옳고 그름을 따지지는 않는 자아가 되는 셈이다. 자아는 여전히 옳고 그름을 따지면서도 현상과 배경과 체계를 이해하는 통찰력을 가지게 된다. 마치 유능한 변호사가 사건에 집착하지 않고도 변론에 집중할 수 있는 것처럼, 자아는 사회에서 주체로 활동하면서도 객관적인 시선을 가진 주관이 되는 셈이다.

의미와 사고체계의 이해는 철학적 탐구로 체계 전체와 체계에 의하여 형성된 인간존재를 이해함으로써 이루어지고, 의미체계 속에서 주체로 활동하는 자아에 대한 실천적 통찰은 명상과 관조로 이루어진다.

명상은 각 명상법이 제시하는 수련 방법으로 언어적 사고를 일시 멈춰 주관을 객관화하는 훈련법을 제시하며, 이를 통해 사고체계가 자아 내부에서 어떻게 활동하고 기능하는지 파악하도록 해준다. 명상 과정에서 가치판단을 배제하고 스스로의 자아를 바라보는 것은, 하나의 교의나 신조, 자신만의 옳고 그름에 집착하거나 매몰되지 않고 "자아라는 현상"과 가치체계의 갈등을 가감 없이 바라보는 방법을 배우도록 해준다.

그런데 우리가 주관을 잠시나마 버리고 객관적인 관조의 시선으로 의미들을 이해하고 바라보면, 정말로 낡은 의미들은 새로운 의미가 되고 작은 의미들은 큰 의미가 될 수 있을까? 우리가 붙잡고 있는 작고 사소한 의미들이 더 크고 심오한 의미로 변용

될 수 있을까? 관조가 자아의 결여를 치유하여 충일감으로 우리를 이끌고, 충일감은 의미에의 헌신으로 이어질 수 있는지 다시 한번 질문해 보자.

자아가 천함과 귀함, 저열함과 숭고함의 벽을 뚫고 스스로를 관조하여 자아의 결여를 넘어서는 것은, 사고의 중단을 통해 자아를 낮은 가치체계를 심리적으로 넘어선다는 것으로서, 자아는 가치체계에 맹종하지 않는 자아를 발견함으로써 기존의 자아를 초월한다. 가치체계를 객관적으로 들여다보면서 자아는 현실의 삶에서 누렸던 사소한 의미들이 절대적으로 사소한 게 아니며, 사소함의 바탕인 의미체계 역시 절대적이지 않다는 사실을 얽매이지 않는 마음으로 '실천적으로' 이해하게 된다.

더불어 그러한 실천적 과정을 거친 자아는, 자신이 선택한 의미를 향해 헌신하지 않으면 자아가 신적인 가치들을 구하며 느꼈던 심리적 충일감에서 멀어질 수밖에 없다는 것도 알게 된다. 자아가 추구하는 의미들은 신적인 의미이든 일상의 사소한 의미이든 모두 의미체계의 산물로서 절대적 차원에서는 차이가 없음을 발견하고, 어떤 의미를 추구하던 그 의미에의 헌신 자체가 참다운 충일감과 심오함의 길임을 알게 된다.

다시 말해 심오함과 충일감은 헌신에서 오며, 헌신은 의미체계와 자아에 대한 이론적, 실천적 이해가 주는 선물이다.

물론 의미에 차별성이 없다면 헌신할 필요가 어디에 있느냐고 물을 수 있다. 의미체계의 직시는 헌신이 아니라 오히려 헌신의 반대인 허무주의를 불러오지 않느냐 하는 반론이 있을 것이며, 의미가 전부 우리가 만들어낸 것에 불과하다는 사실을 알면서 어떻게 헌신할 수 있느냐 물을 수 있을 것이다.

헌신하지 않으면, 자아는 의미의 세계에서 의미 부정의 태도로 존재하는 자기 배신적인 의미를 선택하는 셈이 된다. 자아는 직관적으로 그것을 통찰한다. 선택은 각자의 몫이지만, 인간존재로서 우리 안에 형성된 심오한 가치에 대한 추구와 만족은 자신이 선택한 의미에의 헌신을 통해서만 달성할 수 있다는 사실은 변함이 없다.

니체는 힘에의 의지로 나약한 대중을 누르고 자기만의 가치를 확립하라 하였지만, 존재의 의미에 관한 질문을 잊게 해주는 진정한 충일감은 힘과 나약함이라는 이분법을 넘어선 곳에서만 존재한다. 또 비트겐슈타인이 말한 신비로운 사물들이 있다면, 그것은 오랜 전통이지만 늘 새롭게 발견하는 세계인, 자아가 관조로 바라본 그 세계일 것이다. 불안을 뚫고 명상으로 관조한 세계는 이전의 세계와는 전혀 다른 세계이기 때문이다.

사소함은 사소함이 아닐 때 비로소 헌신을 요구할 수 있을 것인데, 결여에서 벗어난 자아의 만족감, 철학과 명상으로 자아를 깊이 이해함으로써 오는 충일감의 바탕 위에서는, 어떤 의미도 사소하지 않으며 어떤 의미도 헛되지 않다. 관조가 이끄는 헌신은 한계가 절대적 한계가 아님을 이해한, 의미와 한계 자체를 즐기는 헌신이다.

철학과 명상은 현대에 이르러 서로와의 접점을 찾을 수 있는 지점에 이르렀다. 공동체에서 형성된 의미와 사유의 체계는 저면 곳의 실재와 우리 안의 자아를 함께 낳았으며, 철학과 명상은 실재와 자아에 관한 각자의 탐구를 통해 존재의 근원을 밝혀가고 있다. 철학은 형이상학이 줄곧 탐구해 왔던 진리나 참된 세계로서의 실재가 우리의 필요와 언어체계에 기초한 것임을 밝혀가고 있으며, 명상은 실천적이고 직관적인 통찰로 자아가 고립된 실체가 아니라 사회적, 심리적으로 주어진 현상에 불과함을 알려주었다. 이러한 철학과 명상의 만남, 명상을 통한 객관적인 주관의 발견과 철학을 통한 의미체계에 대한 이해의 결합은, 진리를 상실한 현대인의 심오함에 대한 갈증을 해소할 충분한 대안을 시사하고 있다.

*
**

허무주의는 늘 우리를 찾아온다. 트램펄린 위의 절대성과 무한의 추구는 언제라도 상실과 좌절을 남길 수 있기 때문이다. 존재의 두드림만큼이나 허무주의는 수시로 우리를 두드려 온다. 형이상학적 욕구와 허무주의는 인간 자아의 숙명이기 때문이다.

허무주의는 그것 역시 공동체와 역사가 만들어낸 의미임을 숨긴 채, 마치 절대성의 영역에서 온 것처럼, 말하자면 신이나 진리처럼 자신을 드러낼 것이다.

우리는 철학을 통한 이해와 명상을 통한 관조로 자아에의 의지와 차별적 가치들에의 의지를 객관화함으로써, 일상적 의미에 대한 순수한 헌신을 불러올 수 있다. 관조를 통한 헌신은 허무주의를 넘어 심오함으로 우리를 이끌 것이다. 깊은숨을 들이쉬면서 사고를 잠시 멈추고 의미들과 의미체계 전체를 바라보면, 우리는 숨 사이사이의 심오함 속으로 이끌려 들어간다. 심오함은 저 멀리 높은 곳이 아니라 우리 곁에, 바로 우리 안에서 숨 쉬고 있다.

다시 첫 질문으로 돌아가, 존재의 이유나 삶의 근원적 의미는 어디에 있을까?

이유와 의미는 선택과 규정에 달려 있다. 어떤 의미를 세워도 의미는 시간 앞에 허물어질 것이다. 의미는 무의미를 딛고 서 있기 때문이다. 그래도 우리는 의미를 누리는 존재이며 끝없이 의미를 쌓아 올리는 존재이다. 그리고 동물이 아닌 '인간존재'로서의 욕망이 살아 있는 한, 우리가 인간인 한, 허무는 언제나 우리 곁에 있다. 더불어, 허무를 넘어설, 의미를 넘어설 심오함과 신비스러운 실재도 바로 곁에서 우리를 기다리고 있다.

우리는 존재를 두드리는 존재이다.

존재의
두드림

마치는 말

　존재 질문에 대한 철학적 이해와 명상을 통한 관조의 만남을 계획한 이 책은 삶의 일상적 가치들에 참된 의미를 되돌려주고 자 한 작은 시도였다. 철학 교수나 명상 지도자도 아니면서 얕은 지식과 경험으로 이런 시도를 한 것은 내게는 분수를 넘는 작업이었을지도 모른다. 하지만 존재의 의미를 밝혀 삶의 진정한 의미를 찾아주는 것이 철학과 명상의 중요한 과제라면, 이런 작업은 아무리 작아도 의미 있는 일이라 나는 믿고 싶다.

　명상에 대해 덧붙이자면, 명상은 존재와 의미의 세계를 일시적으로 넘어섬을 의미한다. 명상은 폭풍이 지난 후의 들판과 같다. 본래 바람이 불지 않는 평원과 수시로 바람이 불지만 사이사이 잠깐 존재하는 고요한 평원은, 같아 보이지만 다른 세계라 할 수 있다. 첫 번째는 고요함의 의미를 알지 못하지만, 두 번째 평원은 고요함을 알고 즐길 수 있는 인간적인 장소이다. 명상의 세계는 의미가 존재하지 않았던 저 너머가 아니라 의미의 세계를 통해서만 존재 가능한 곳이다. 그리고 우리는 의미의 세계로 돌아옴으로써 명상의 동력을 다시 얻는다.

　명상은 바라봄에 의한 사고의 멈춤이며, 의미의 세계에서 의미 너머를 향한 잠깐의 도약이다. 지식의 원리와 존재의 근원을 탐구하는 철학은 절대성을 추구한 끝에 허무주의에 이르는 경우가 많은데, 물론 허무주의는 철학의 문제가 아니라 절대성을 원하는 욕구의 좌절일 뿐이지만, 명상은 그러한 허무감을 사고와 논리로서가 아니라 사고 너머를 향한 실천적인 도약으로써 극복하고자 하는 것이다. 하지만 사고와 의미체계의 본질을 알아야만 사고 멈춤의 의미를 음미할 수 있을 것이기에 우리에게는 여전히 철학이 필요하다.

사실 우리가 선택할 수 있는 가치와 의미들이 다양해지는 것은 무척 반가운 일이다. 근현대 사회에서 개인의 자유와 기본권, 일상적 삶의 가치들이 자리를 잡은 것은 공동체와 개인을 위해 더없이 바람직하다. 하지만 그 와중에 중심 가치를 잃고 무의미와 사소함의 덫에 빠지는 것은 그냥 지나치기에는 큰 상실이다. 절대성의 상실이 곧 심오함의 상실이 된다면 말이다.

스스로 가치를 창조하고 심오한 고독을 즐기는 위버멘쉬 사상은 힘에의 의지라는 권력 지향적이고 비민주적인 부분만 아니라면 대단한 통찰력을 담고 있는 주장일 것이다. 그런 위대한 사고에 향신료를 조금만 더한다면, 힘이 아니라 차별성을 넘어선 헌신으로 자신만의 가치를 추구한다면, 우리는 일상을 심오함으로 바꾸는 멋진 요리법으로 삶을 더욱 풍부하고 충만하게 할 수 있을 것이다.

남은 것은 우리가 자아를 발견하고 삶에서 심오한 의미를 찾고 싶은지의 문제일 것이다. 하이데거의 표현을 빌리자면, 우리가 세인의 영향력에서 벗어나 본래적인 실존을 원하느냐이다. 반복되는 말이지만 역시 선택의 문제이다. 현대인은 자신을 헌신으로 이끌 어떤 절대적 이유도 찾을 수 없기 때문이다. 하지만 우리는 스스로 선택하여 세계와 자아에 대한 이해와 관조로 일상의 삶 속에서도 의미를 재발견하고 자기 안의 심오함을 찾아가는 선택을 할 수 있다.

더불어 인간적 삶에서 오는 피로와 정신적 고통에 대한 명상의 치료 효과는 그러한 실존 방법에 덤으로 주어지는 혜택이다. 서적들이 많이 다루는 명상의 심리적, 치료적 효과를 여기서 얘기할 필요는 없겠지만, 명상이 어떻게 자아의 분열과 갈등을 치료하는지는 본문의 내용을 통해 충분히 짐작할 수 있을 것이다. 요즘 관심거리인 힐링과 이 책이 말하는 심오함은 동전의 양면과 같은 것이다.

철학과 명상을 통한 심오함을 강조하다 보면 자칫 삶의 즐거움을 빼앗긴다고 생각하기 쉽다. 하지만 심오함의 추구는 일상의 재해석을 통해 더 즐거운 삶을 살아가려는 노력의 하나이다. 반대로 인생 자체를 사소하게 여기는 시니시즘은, 겉보기와는 달리 귀함과 천함의 차별과 좌절감 위에 서 있으므로 삶을 즐거운 놀이터로 바꾸려는 동력을 얻기 힘들다. 흔히 말하는 '인생이

뭐 별거 있어?' 하는 태도는 그 말을 하는 사람이 차별적인 의미체계 속에서 허우적대고 있음을 뜻하기 쉽다.

또 의미체계를 이해하고 일시적으로 넘어선다는 것은 공동체 내의 의미에 더 적극적으로 참여하자는 뜻으로 이해되어야 한다. 심오함은 의미체계가 절대적이지 않다는 사실을 알면서도 순수한 의지로 사회와 의미체계를 개선하려 노력함을 의미한다. 심오함에 이끌리는 사람은 사회에 관심이 없어야 하는 듯 말하는 것은, 심오함의 의미를 오해하고 우리 존재 의미의 다양한 면을 보지 못함에서 비롯된다. 우리는 신적인 존재임과 동시에 사회적인 존재가 아니던가.

끝으로 평생 질문의 결론에 가까운 글을 섣불리 쓰는 까닭을 변명하자면, 질문에 대한 대답은, 다르게 보이지만 실은 같은 대답이기 때문이다. 오래전 처음 명상에 심취했을 때 마음속에 품었던 대답은 지금보다 조잡한 것이었지만 실질적으로는 같은 대답이며 앞으로도 같으리라 생각한다. 마찬가지로 하이데거나 비트겐슈타인과 같은 최고의 철학자들이 존재와 무를 통해서나 신비스러운 사물들을 통해서 얻은 통찰은 보통 사람들이 직관적으로 느끼는 삶의 진리와 일맥상통할 것이다.

지식과 철학은 아무리 발전해도 언제나 경계에 도달한다. 그 경계를 신비스러운 사물이라 표현해도 좋고 무無라 표현해도 좋다. 지식의 세계는 확장을 거듭하지만 반드시 경계 너머 비어 있는 공간과 마주한다. 원은 끊임없이 커지지만 그 바깥은 크고 작음이 없는, 지식 없음과 사고 없음의 세계이다. 원 바깥은 우리 지식을 통해서 보면 무량하게 넓기도 하고 무한히 깊기도 한 지식 바깥의 세계이지만, 한편으로는 무량함과 무한이 의미가 없는 단일한 세계이다.

불안을 뚫고 관조로써 초월적으로 마주한 그 세계는 항상 단일하게 우리를 둘러싸고 있으며, 또 우리 마음 안, 우리 너머에 있다. 그렇기에 우리는 앞으로도 쉼 없이 지식 내적인 논리와 의미를 개발해 가겠지만 원 바깥의 세계는 변함이 없을 것이다.

존재의 두드림은 언제나 다르지만 같은 대답을 부르며, 또 같지만 다른 대답을 부른다.

2022년 9월

참고문헌

| 도움을 준 책들 |

- 권순홍, 『유식불교의 거울로 본 하이데거』, 도서출판 길, 2008
- 김기현, 『현대인식론』, 민음사, 1998
- 김도식, 『현대 영미 인식론의 흐름』, 건국대학교 출판부, 2004
- 김상환, 『니체 프로이트 맑스 이후』, 창작과 비평사, 2002
- 김상환 외, 『니체가 뒤흔든 철학 100년』, 민음사, 2000
- 김상환·홍준기 외, 『라깡의 재탄생』, 창작과비평사, 2002
- 김용준 외, 『로티의 철학과 아이러니』, 아카넷, 2014
- 김진, 『퓌지스와 존재사유』, 문예출판사, 2003
- 김형효, 『구조주의의 사유체계와 사상』, 인간사랑, 1989
- 다케무라 마키오, 『유식의 구조』, 정승석 옮김, 민족사, 1989
- 문성학, 『칸트철학과 물자체』, 울산대학교 출판부, 1995
- 배식한, 『반실재론을 넘어서 (퍼트남과 데이빗슨의 제3의 길)』, 서울대학교출판문화원, 2007
- 백종현, 『칸트와 헤겔의 철학』, 아카넷, 2010
- 이기상, 『하이데거의 존재사건학』, 서광사, 2003
- 이남인, 『후설의 현상학과 현대철학』, 풀빛미디어, 2006
- 이수정, 『하이데거』, 생각의 나무, 2010
- 이승종, 『크로스오버 하이데거』, 생각의 나무, 2010
- 이성준, 『훔볼트의 언어철학』, 고려대학교 출판부, 1999
- 이영철, 『비트겐슈타인의 철학』, 책세상, 2016

- 조용길 편역, 『불교의 존재론』, 도서출판 해조음, 2007
- 최진석, 『도덕경』, 소나무, 2001
- 한국분석철학회, 『21세기와 분석철학』, 철학과현실사, 2000
- 한석환, 『존재와 언어 (아리스토텔레스의 존재론)』, 도서출판 길, 2005

- 네이글, T., 『이 모든 것은 무엇을 의미하는가?』, 조영기 옮김, 궁리, 2014
- 니체, F., 『차라투스트라는 이렇게 말했다』, 정동호 옮김, 책세상 (니체 전집 13), 2000
- _____, 선악의 저편·도덕의 계보』, 김정현 옮김, 책세상 (니체 전집 14), 2002
- 데이빗슨, D., 『주관·상호주관·객관』, 김동현 번역, 느린생각, 2018
- 래톨, M. A., 『How To Read 하이데거』, 권순홍 옮김, 웅진지식하우스, 2008
- 레이코프, G.·존슨, M., 『몸의 철학』, 임지룡·윤희수·노양진·나익주 옮김. 도서출판 박이정, 2002
- 로스, W. D., 『아리스토텔레스』, 김진성 옮김, 세창출판사, 2016
- 매킨타이어, A., 『덕의 상실』, 이진우 옮김, 문예출판사, 2018
- _____, 『윤리의 역사 도덕의 이론』, 김민철 옮김, 철학과 현실사, 2004
- 뮤니츠, M. K., 『현대분석철학』, 서광사, 1996
- 벵베니스트, E., 『일반언어학의 여러 문제 1, 2』, 김현권 옮김, 지식을만드는지식, 2010
- 비트겐슈타인, L., 『논리-철학 논고』, 이영철 옮김, 책세상, 2006
- _____, 『철학적 탐구』, 이영철 옮김, 책세상, 2006
- 소쉬르, F., 『일반언어학 강의』, 최승언 옮김, 1990
- 스크루틴, R., 『현대철학강의』, 주대중 옮김, 바다출판사, 2017
- _____, 『칸트』, 김성호 옮김, 시공사, 1999
- 스턴, J. P., 『니체』, 이종인 옮김, 시공사, 1998

- 싱어, P., 『헤겔』, 연효숙 옮김, 시공사, 2000
- 아리스토텔레스, 『형이상학』, 김천운 옮김, 동서문화사, 1978
- 에반스, V.·그린, M., 『인지언어학 기초』, 임지룡·김동환 옮김, 한국문화사 2006
- 야스퍼스, K., 『계시에 직면한 철학적 신앙』, 신옥희·변선환 옮김, 분도출판사, 1989
- 칸트, I., 『순수이성비판 1, 2』, 백종현 옮김, 아카넷, 2006
- 코라도, M., 『분석철학』, 곽강제 옮김, 서광사, 1986
- 크립키, S. A., 『비트겐슈타인 규칙과 사적 언어』, 남기창 옮김, 철학과 현실사, 2008.
- 테일러, C., 『자아의 원천들』, 권기돈·하주영 옮김, 새물결, 2015
- 트라반트, J., 『훔볼트의 상상력과 언어』, 안정오·김남기 옮김, 1998
- 퍼트남, H., 『존재론 없는 윤리학』, 홍경남 옮김, 철학과 현실사, 2004
- _____, 『과학주의 철학을 넘어서』, 원만희 옮김, 철학과 현실사, 1998
- 피어스, D., 『비트겐슈타인』, 정영목 옮김, 시공사, 2000
- 하르트만, N., 『독일 관념론 철학』, 이강조 옮김, 서광사, 2008
- 하이데거, M., 『존재와 시간』, 전양범 옮김, 동서문화사, 1992
- _____, 『이정표 1, 2』, 신상희, 이선일 옮김, 한길사, 2005
- _____, 『강연과 논문』, 이기상·신상희·박찬국 옮김, 이학사, 2008
- 해리스, R., 『소쉬르와 비트겐슈타인의 언어』, 고석주 옮김, 1999
- 헤겔, G., 『논리학』, 전원배 옮김, 서문당, 1978
- Forman, R. (ed.), The Problem of Pure Consciousness, Mysticism and Philosophy, Oxford University Press, 1990
- Katz, S. T. (ed.), Mysticism and Philosophical Analysis, New York Oxford University Press. 1978
- Nieli, R., Wittgenstein: From Mysticism to Ordinary Language, State University of New York Press, 1987

- Rorty, R., Philosophy as Cultural Politics, Cambridge University Press, 2007,
- Tillich, P., The Essential Tillich, The University of Chicago Press, 1999.

| 도움을 준 논문들 |

- 김영건, 「칸트의 선험철학과 퍼트남의 내재적 실재론」, 한국 칸트 학회 논문집 칸트 연구 제19집, 2007년 6월
- _____, 「칸트의 선험철학과 셀라스의 과학적 실재론」, 한국 칸트 학회 논문집 칸트 7연구 제16집, 2005년 12월
- 김재철, 「하이데거의 철학적 신비주의」, 한국동서철학회논문집 동서철학연구 제92호, 2019년 6월
- 박만엽, 「규칙따르기 역설에 대한 크립키 논증의 비판적 분석」, 한국논리학회 학술지 논리연구 제9집 제2호
- 박병철, 「비트겐슈타인 철학의 현상학적 측면」, 한국논리학회 학술지 논리연구 제7집 제2호
- 박욱주, 「신비주의의 현상학: 종교적-신비적 체험에 대한 하이데거의 성찰」, 현대유럽철학연구 제50집, 2018
- _____, 「타자와 신비 ―레비나스 신비사상의 신비주의적 기원」, 인문논총 제75권 제3호, 2018
- 박인철, 「현상학과 신비주의: 후설 현상학을 중심으로」, 철학연구, 2013, 103호
- 이상원, 「내재적 실재론과 비실재론」, 철학 논집 제34집, 2013년 8월
- 이엽, 「이율배반: 칸트 비판 철학의 근본 동기」, 한국칸트학회 논문집 칸트연구 제26집, 2010년 12월

- Hartnack, J., "Ontology and Language", Kluwer Academic Publishers,

Printed in The Netherlands, 2004

- Sheehan, T., "A Paradigm Shift in Heidegger Research", Stanford University, Continental Philosophy Review, 2001

- The Stanford Encyclopedia of Philosophy

  1. Stang, Nicholas F., "Kant's Transcendental Idealism", The Stanford Encyclopedia of Philosophy (Spring 2021 Edition), Edward N. Zalta (ed.), URL=⟨https://plato.stanford.edu/archives/spr2021/entries/kant-transcendental-idealism/⟩

  2. Gellman, Jerome, "Mysticism", The Stanford Encyclopedia of Philosophy (Summer 2019 Edition), Edward N. Zalta (ed.), URL=⟨https://plato.stanford.edu/archives/sum2019/entries/mysticism/⟩.

존재의 두드림

초판 1쇄   2022년 09월 16일

지은이   임판
발행인   김재홍
교정/교열   김혜린
디자인   현유주
마케팅   이연실

발행처   도서출판지식공감
등록번호   제2019-000164호
주소   서울특별시 영등포구 경인로82길 3-4 센터플러스 1117호{문래동1가}
전화   02-3141-2700
팩스   02-322-3089
홈페이지   www.bookdaum.com
이메일   bookon@daum.net

가격   15,000원
ISBN   979-11-5622-734-2   03110